成为真正会表达的人

李世强 —————— 著

中国纺织出版社有限公司

内 容 提 要

身处在社会中，就无法避免与人打交道，更无法避免与人说话。如何更快拉近与陌生人的距离、面对不同性格的人如何与之交流、在遇到你不想答应的要求时如何回绝……这些都需要技巧。表达时做到恰如其分，可以减少麻烦，带来友谊和收获；若总是言不达意或鲁莽顶撞，将会人为增加很多“敌人”，减少很多朋友，到最后，你将孤立无援。

本书针对表达，为读者进行各个方面的讲解；以理论加案例的方式，深入浅出地讲解如何在现实场景中进行表达，针对不同的人、不同的情景，进行细致的剖析。相信每一位看过本书的读者，都能从中深受启发，在表达的技巧方面得到显著提高。

图书在版编目（CIP）数据

成为真正会表达的人 / 李世强著. —北京：中国纺织出版社有限公司，2020.8
ISBN 978-7-5180-7528-7

Ⅰ.①成… Ⅱ.①李… Ⅲ.①语言艺术—通俗读物 Ⅳ.①H019-49

中国版本图书馆CIP数据核字（2020）第107412号

策划编辑：郝珊珊　　责任校对：王蕙莹　　责任印制：储志伟

中国纺织出版社有限公司出版发行
地址：北京市朝阳区百子湾东里A407号楼　邮政编码：100124
销售电话：010—67004422　传真：010—87155801
http：//www.c-textilep.com
中国纺织出版社天猫旗舰店
官方微博http：//weibo.com/2119887771
北京通天印刷有限责任公司印刷　各地新华书店经销
2020年8月第1版第1次印刷
开本：710×1000　1/16　印张：12
字数：176千字　定价：39.80元

前　言

有的人表达时观点清晰、语言动人，让人听了舒畅惬意；有的人表达时逻辑混乱、长篇大论但找不到重点，听者也是云里雾里，不知其所意；有的人一开口就让人觉得虚伪，不愿意再与之交谈；有的人无论说多久，人们都愿意继续听……表达是说什么？怎样表达？遇到什么人，用什么样的语言表达？这些都有方法和技巧。而要想成为一个真正会表达的人，就必须懂得这些方法和技巧。这就是表达的艺术。

俗话说：“语言是人与人沟通的桥梁。”身处在社会中，就无法避免与人打交道，更无法避免与人说话。如何更快拉近与陌生人的距离、面对不同性格的人如何与之交流、在遇到你不想答应的要求时如何回绝……这些都需要技巧。表达时做到恰如其分，可以减少麻烦，带来友谊和收获；若总是言不达意或鲁莽顶撞，将会人为增加很多“敌人”，减少很多朋友，到最后，你将孤立无援。

回顾历史，古往今来的成功者哪一个不是表达高手？他们总能在一个人需要赞美时，说出对方最愿意听的溢美之词；在批评一个人时，把话说得委婉动听，让对方欣然接受；说服一个人时，更是一语中的，以最快的时间达到最佳效果……

有一位哲人说过："世间有一种成就可以使人很快完成伟业，并获得世人的认识，那就是令人喜悦的讲话能力。"这里的讲话能力，就是一个人的表达力。我们环顾周围，看看我们身边的人，很多人有才华，但因表达力不强，无法向其他人展示出自己的满腹经纶，最终怀才不遇，终日郁郁寡欢。由此可见，会表达，对于一个人是多么至关重要的技能。

本书针对表达，为读者进行各个方面的讲解；以理论加案例的方式，深入浅出地讲解如何在现实场景中进行表达，针对不同的人、不同的情景，进行细致的剖析。相信每一位看过本书的读者，都能从中深受启发，在表达的技巧方面得到显著提高。最后，希望每一位读者都能够成为真正会表达的人。无论在工作中还是生活中，都能通过表达的技巧助自己平步青云，更上一层楼。

目　录

CONTENTS

第三章

第四章

第五章

第六章

第七章

第八章

第一章

会表达的人，一开口就知道该聊什么

会表达的人，称呼永远让人称心如意

在与人交往中，应该注意自己对于他人的称呼。恰当的称呼，会给别人留下良好的印象，会使自己与别人的关系得到和谐的发展。恰当地称呼别人，也就成了与人交往中的关键因素。当然，如何正确合理地称呼别人是一个非常有讲究的事情，不恰当的称呼会使对方感到你的不礼貌、不尊重，甚至还会因此而生气，进而使你与对方之间的交流陷入尴尬的境地，你们的交流也会因此而无法正常进行。

对于别人的称呼应该以对方的年龄为参考，但是又不能太较真，应该在对方的年龄上减少几岁，这样对方听了才会高兴，而你们之间的交流也更容易得到进一步的发展。

王女士今年已经七十多岁了，但是由于保养得好，看起来也就六十多岁的样子。人们遇见她都只是叫她阿姨，因为她不爱听别人叫她别的。有一天下雨，路上不太好走，而王女士正好从外面回来。这时，小区新来的保安小李赶紧跑过去扶住她，边走还边说着："老奶奶，您小心点，您家里人怎么放心您这么大年龄了还往外跑啊？像您这么大年龄的人，应该多在家休息才对啊，他们真是太不像话了。"王女士听到小李说的这些话之后脸色都变了，急忙甩开小李的手自己一个人往前走。

小李愣在那里，也不知道自己说了什么得罪王女士的话。一位同事刚从保安室里出来刚好看见王女士甩开小李的手一个人往前面走。小李问同事，那个老奶奶怎么突然就变了脸色。同事一听小李的话就发现了问题，道：“你怎么叫王女士‘老奶奶’？是不是刚才你就这样称呼王女士的？”。小李回想，的确是这样。于是同事告诉小李，王女士只喜欢别人叫她阿姨，解释一番后小李明白了自己错在哪里。

第二天，小李又遇见王女士，赶忙上前热情地叫了一声阿姨，这时王女士别提多高兴了，还一个劲地夸小李有礼貌。

恰当的称呼，帮助小李赢得了王女士的好感，这个恰当的称呼是根据王女士的喜好而来的。你觉得恰当的，对方不愿意听，也会被认为不恰当，也会说你不会说话。因此，真正恰当的称呼就是那些对方愿意听，但是与现实差距不太大的称呼。

可见，恰当地称呼别人，透露出你自身的一种修养，反映了你对对方的尊重，会给对方留下良好的印象。而不恰当的称呼，不利于树立你在对方心中的良好形象，同时不利于你与对方之间交流的顺利进行。

称呼，在与人交往中具有很重要的作用，在与人交往中应该注意自己对别人的称呼。会说话的人，知道称呼的重要性，知道怎样选择对别人的正确称呼。

根据对方的年龄、身份以及地域给予对方合适的称呼，对于促进自己与他人之间的交流沟通来说具有极其重要的作用。聪明的人，对于如何称呼别人，也有自己的看法，她们不会因为称呼方式的不合适而阻碍自己与他人的沟通。

在恰当的场合根据对方的年龄、对方与自己之间的关系、对方的身份职业，给予对方恰当的称呼，会赢得对方对你的好感，进而有助于你们之间交流的和谐发展，对自己、对对方都是有好处的。

其实对于别人的称呼不仅在沟通中具有重大的作用，还会成为表情达意的重要手段。即使是在路上遇见朋友，也应该跟对方打招呼，这是对别人的一种尊重，也是一种表达自己礼貌的方式。对待不同的人就应该有不同的称呼，如果称呼错了，不仅会闹出笑话，影响自己与他人之间的交流沟通，甚至还会在此过程中给自己的沟通造成误会，让对方对你产生怨恨情绪。

恰当的称呼方式才会帮助自己实现与他人之间的良好沟通，让对方看见你的尊重，感受到你带给他的温暖。双方之间会因此而达到心理共鸣，双方的沟通也会因此而变得轻松顺畅。

爆料自己的“糗事”，是为了拉近距离

生活中，不少人对那些能够当众侃侃而谈的人充满了好奇，认为他们是精明干练、十全十美、高高在上而又喜怒不形于色的人。其实，真正接触过他们的人却并不这样认为，他们不是超人，也不是生活在神话里的人，而是一个个活生生的、有血有肉的人。也正是因为如此，他们才得到了大多数人的信赖与支持。

在和别人接触交谈的时候，他们能够把真实的自己呈现给对方，很少会把自己打扮成一个十全十美的人。在必要的时候，他们还会谈一些自己的“糗事”来博得对方的好感。因为他们知道，把自己打扮得越完美，就越会拉开与他人的距离，从而很难取得他人的信任。

有一次，记者采访一名刚刚破获一件大案的警官：“在和犯罪分子交手的时候，你有没有感到害怕？”许多人都认为这名警官一定会回答说：“没有。”没想到他却说：“害怕过。就拿这次来说，如果有机会的话，我就逃跑了。但当时的条件不允许，我不得不拼了性命和他们进行打斗。要不是想着赶紧离开现场的话，或许我就被他们打死了……”记者们听到他的回答，都轻松地笑了起来，同时，也都觉得这位警官非常可爱，是一个可信任的人。

很多人都会有这样的担心：自我暴露出缺点、弱点，向他人展现自己的隐私，讲出自己的“糗事”，很可能会让对方看不起自己，疏远自己。其实，这种担心是多余的。从这名警官的故事中我们不难看出，说出自己的“糗事”不但没有负面作用，反而还会让人感觉到你是一个诚实的人，同时，也会更加喜欢你和信任你。

在社会交往中，适当地透露一下自己的“糗事”，是一种拉近彼此关系、获得他人信任的技巧。乐意让别人分享自己的不足，就等于是乐于跟别人推心置腹进行交谈，因此，也就能够很好地吸引别人，获得别人的好感。

人之相识，贵在相知；人之相知，贵在知心。一个从不表现个人信息、情感和想法的人，会给人一种不真实的印象，也就会让人心生隔阂，产生戒备。很多人都有这样的感受：当你推心置腹地和别人讲述个人真情实感的时候，对方却顾左右而言他，打“太极拳”，不和你交心，你就会感到非常不舒服，对那个闪烁其词的人也就难以产生亲切感和依赖感。反之，当一个人向你详细地陈述内心的真实感受，毫不忌讳地说出自己的“糗事”时，你就会觉得这个人对你非常信任，你就会在感动之余也对他充满信任与好感。

一位心理学家曾经说过：“要想换取别人的信任，首先就应该让人了解到真实的你，这样的人在心理上才是健康的。”因此，在与人相处的时候，你就不妨向对方袒露一点自己的隐私，讲一些无关紧要却诱惑力十足的“糗事”，这样就能赢得别人的心，换取他人对你的信任。

当然，凡事都应该有个度。在透露个人“糗事”的时候，也应该掌握一定的界限，绝不能把自己装扮成他人的笑料；否则，就有自轻自贱之嫌疑，也会让别人看不起你，更会给他人留下一些嘲笑捉弄你的把柄。因此，在向别人透露个人“糗事”的时候，我们应该掌握以下两点原则。

1.透露的信息量要适当

一个从不表露自己内心想法的人，很难和别人建立密切的关系；而一个总是向别人灌输过量信息的人，也无法引起别人的好感。因为，喋喋不休地讲述自己遇到的种种尴尬或者难堪之事，很可能引起他人的审美疲劳，也可能会引起他们对你的轻视之心和侮辱之举。因此，在讲个人隐私、透露“糗事”的时候，要做到恰到好处，既不能没有，也不能太多。

2.提供的信息最好和别人的生活和性格相近

“糗事”虽然是自己的，但在透露隐私的时候最好选择和别人的生活相近的信息，换句话说，就是讲一些别人也可能有过的类似的“糗事”。这样做有两方面好处：第一，避免了授人以柄，毕竟，这样的事情谁都碰到过，他也有类似的经历，在这些事情上并不存在优越感和批评权，因此不可能因为你的“糗事”而嘲笑你；第二，可以迅速拉近双方的距离，让对方将你引为知音。当别人得知你们的“尴尬遭遇”相似时，就会觉得两者之间在性格上有很多相似的地方，心理上也就自然而然地愿意和你更进一步。如此一来，交谈双方的感情就能迅速升温了。

优秀的自我介绍，让对方更易记住你

无论是生活还是职场中，都少不了当众与人沟通。而很多人因为职业的关系要认识很多陌生人，初次见面时，双方往往对彼此都是一无所知，因此，如何做好自我介绍，让自己既大方得体又不失礼节，就显得极为重要了。

很多人与他人交际时并不知道该如何介绍自己，更不知道该如何交流和沟通。一段简短而精准的自我介绍，其实是为了加深和拓宽你与对方的交流与沟通而设的。在与人交际时，自我介绍的内容和方式引人注目是让对方认识你并认可你的最重要手段。

张洁和杨妮都是刚毕业的大学生，同时应聘一家外资公司的董事长助理的职位。她们学的都是英语专业，学习成绩也都很优秀。

人事经理看了简历以后，觉得她俩的实力难分伯仲，很是纠结，不知道如何取舍。最终，人事经理决定让两个人都来面试。

在面试前，张洁很自信地认为以自己的能力和相貌，一定能赢得这个职位，所以没有做什么准备。她认为，面试无非就是把个人简历再简略重述一遍。

而一向谦虚谨慎的杨妮对将要来临的面试进行了一定的分析，她认为要在短时间内，把自己的能力尽可能多地展现出来是最重要的。于是她对自我介绍的语言进行了一番精心的设计和安排。

面试当天，考官让她们分别做一个自我介绍。

张洁说："我今年24岁，山东人。来自知识分子家庭，父母都是大学教授。我大学学的是英语专业，刚过了专八。爱好是旅游和音乐。我性格活泼开朗，有责任心。希望能成为贵公司的一员，为公司尽一份力。"

杨妮介绍说："我的个人资料简历上写得很详细了，相信各位领导都有所了解。在这里，我想补充和强调两点：一，我的英语口语能力很好，在上学期间曾兼职做过同声翻译；二，我的文笔很好，大学期间写的多篇文章被报社和杂志社收录。如果需要的话，我可以拿给您看。"

最后，人事经理录用了杨妮。

每个人去面试的时候，相信都会听到"请先做一下自我介绍"这句话。这看似是很简单的问题，但绝不能掉以轻心。它是你最简单、最直接地描述自己的特点，展示自身综合水平的好时机。回答得好，会留给对方一个好的印象。

自我介绍一定要简单明了。自我介绍也要选择在适当的时间进行，最好是对方有兴致、有时间、情绪好的时候。

自我介绍一定要紧扣主题，可以根据不同的交际场景做出有不同侧重点的调整，但切记不要跑题、偏题。

做自我介绍时最好采取友好、亲切、自然的态度，在整体的形象上要大方自然，面带笑容，语气平和，语速平缓，语音清楚，充满自信和胆量。

自我介绍时要敢于与对方对视，要显得大方得体，从容淡定。自我介绍的内容一定要符合你的真实情况，不能有虚假的信息。

自我介绍必须精心设计、认真准备，不要轻视它的时间简短。自我介绍就是你与对方语言交流的第一印象，它会直接影响后面关系的发展。因此，一定要认真练习，绝不可马虎。还可以征求家人或朋友的意见，然后写成文字稿，这是很有必要的。

自我介绍一定要口语化，尽量不要文言化、书面化，而要让人听起来容易理解。自我介绍一定要力求简洁、精准、简短。

自我介绍是否成功直接关系到下一步的交往能否顺利。自我介绍会让人在他的思想中先入为主地为你定位所以它留给对方的印象很关键。尤其在拜访客户时，短短的几分钟，就必须用精练而富有特点的自我介绍获得对方的认可。

通过上述分析，相信你一定可以为自己打造一套良好的自我介绍。当你对自己的自我介绍产生足够的信心，社交恐惧也就不复存在了。

学会客套，走到哪儿都受欢迎

如果你足够细心，定能从生活中发现一个规律：那些会表达、人缘好、走到哪儿都受欢迎的人，特别会说客套话。别小看客套，它其实是语言艺术的一种，包含着客气、谦卑、热情，也显示着对人的尊重。

家长在教育孩子的时候常常会嘱咐一句“见了人要打招呼”，借用别人的东西要说“谢谢”，不小心碰了人家要说“对不起”。实际上，这些最基本的礼貌用语都可以归为客套话，它体现的是一个人良好的修养。

然而，有些人本身素养不错，也很善解人意，可就是输在了不会说话上，尤其是不会说客套话。在交际中，遇见事情的时候总是不知该说什么，结果，明明是一片真心，到最后却不被人懂，甚至被误解成冷漠。

小王是一个程序员，作为技术员他平时和人打交道不多，回家后也大多是玩游戏，可以说是一个十足的“宅男”。他的朋友不多，算上我总共也就只有几个朋友。也因为他和社会接触得不多，交际也就变得很少，因此，对于客套话这类话语更是不太熟悉，可以说就是一个不会说话的人。

有一个朋友去做阑尾手术，术后在病床上休养，小王去看望他，见这位朋友躺在病床上虚弱的样子，小王没有说一句话，只是握着他的手。之所以没开口，小王肯定是因为当时顾虑太多：说客套话吧，自己不太会，也表达不了心情；不说话吧，又有点尴尬。所幸去的时候带了一束花、一些礼物，不至于显得那么别扭。坐了一会儿之后，小王就离开了医院。在整个过程中，两人真的叫作“一句话都没有说”。

这位朋友知道小王性格一向如此，也就没责备。

由于了解小王的为人，那位正在休养的朋友没有怪小王，毕竟，这样的沉默比虚情假意的关心要诚实许多。可话说回来，小王平日里接触的不一定都是懂得他的人，如果他始终不懂得表达自己的心意，甚至连一句普通的客套话都说不出口，终究还是让人觉得有点儿“不会办事”，至少没有达到理想中的安慰病人的效用。

人在生病的时候，情绪往往不稳定，焦虑、沮丧、悲观时常来叨扰内心，惹人胡思乱想。况且，医院的环境比较封闭，四周全是单调的白色，时而还可能听到病友们的一些“坏消息”，令人惴惴不安。为了缓解病人的情绪压力，让病人放下心理包袱，在探望病人时说两句充满真情和祝愿的客套话，是必不可少的。

一位大学老师在一次体检时查出患有乳腺癌，近期在医院做了手术。术后的几天，不少亲戚朋友都来看望她。她的同事一进病房就先笑起来，坐到床边握着她的手说：“我听说你得了点小病，这几天学校的事情特别多，拖到现在才来看你。”

听对方说自己得的是“小病”，这位老师刚刚还阴郁的脸，顿时露出了一丝喜悦。同事连忙又说：“我看你的气色还不错。像咱们这个年纪的女人，得这病的人还真是不少，去年我们家邻居也是这样，做了手术之后，回去养了一个月就好了，一点儿事都没有。”这位老师本来对自己的病还有点担心，听同事这样一说，心里舒服多了。

同事看到床头放着一本书，随手翻了翻，感叹道：“我真羡慕你呀，还能在这里看看书。有时候，我都想到医院里来‘躲’上几天，抽空读读书、看看电影，现在每天家里家外忙得我呀，一点儿闲工夫都没有。”老师的女儿在一旁听着，不由得笑了，心想：这个阿姨真是会说话，难怪母亲平日里老念叨跟她聊得来！

临别时，同事又说道：“顺便告诉你一下，我爱人他们单位发了两张话剧的票，恰好是一个月之后的，到时候咱们一起去看！你好好养着，我过些天到家里去看你。”同事走了，可她说的这些话却像阳光一样，让这位老师心里暖暖的。

客套不是虚伪，是礼貌和尊重。无论生活还是工作，都需要语言作为纽带。情商高又会说客套话的人，处理人际关系总能游刃有余，让人喜欢听、愿意听，提出的意见或建议也更容易为人所接受。情商低而又不会说客套话的人办起事来就略显尴尬了，可能会造成不必要的误解，出现人际关系障碍，时间一长，就会给人留下不好接触、不会处世的印象。

客套话说起来要给人言必由衷的感觉，字字句句透出真诚，而不能让人觉得是虚情假意的恭维。有时，客套除了用语言以外，还可以借助眼神、手势，总之要透出礼节和真意。

想让别人怎么对你，你就要怎么对别人。客套看似平常，却可以把交际中的人际关系引入一个良好的互动中，像柔风一样暖人心窝。

多点幽默感，为陌生的环境增点欢乐

美国心理学家赫布·特鲁说：“幽默可以润滑人际关系，消除紧张，减轻人生压力，使生活更有乐趣。它把我们从个人小天地里拉出来，使我们一见如故，寻得益友。它帮助我们摆脱窘迫和困境，增强信心，在人生的道路上知难而进。”

所以说，幽默是一种十分奇妙的社交方式，它可以帮助我们解决生活中的一些难题——只要在沟通中融入幽默的元素，那么沟通就会变得愉快。

日常交际中，高手或许不是最会说话的人，但是他们善于运用幽默，能够通过幽默的方式让听众更易接受他们所表达的意思。

前段时间，小区边上新开了一家名叫“快意江湖”的主题餐厅，点餐要用令牌，就连包间的名字都来自金庸先生的小说，比如神龙岛、风陵渡、桃花岛、绝情谷。

我和几个朋友到这家餐厅吃饭，刚进门，迎宾的一众服务生就拱手抱拳，铿锵有力地问：“敢问大侠，此次出行带了多少人马？”

朋友也拱手抱拳，说：“六个人，没骑马。”话音刚落，服务生和前厅的顾客都笑了起来。

在人际交往中，幽默就像必不可少的调味剂。比如，朋友聚会，长时间静坐没有人说话；或结伴旅行，大家都感到疲惫的时候，气氛会让人感到沉闷和难受。这时，假如一个充满幽默感的人说了一句笑话，一定可以改变气氛，从而给人们带来快乐。

每个人都遇到过沉闷的气氛。新认识的朋友在一起，一时找不到聊天的话题；相亲时两个人很紧张，不知道说什么能给对方带来好感；开会时由于问题的难度很大，无人发言，等等，都会造成沉闷的气氛。沉闷的氛围是让人尴尬的，在沉闷的氛围里，人容易紧张，这时做什么事都会觉得不自在，这样是不利于交往以及问题的解决的。所以，摆脱沉闷的气氛无疑会推动友谊的加深、情感的发展以及问题的解决。用一个小笑话、一句恰到好处的幽默快语来调节一下此刻的氛围，对摆脱沉闷、促进交流无疑是不错的选择。

幽默的神奇之处在于，当我们用它表达意见时，更容易被他人接受，这样沟通会更加顺利。幽默往往能带给人愉快的心情，让对方变得更加真诚，也能拉近彼此间的距离。

幽默是人类独有的特质，它可以化解冲突或尴尬，同时给人带来快乐。那些富于幽默感的人在社交中会更受欢迎。如果本身并没有很多幽默细胞，那么不妨尝试多记几个幽默的故事，适当的时候也可以成为你的助力。

恰当的话题，让对方不自觉视你为知己

我们常常会碰见一些这样的人，他的周身好似散发着一种神奇的魔力，让大家不自觉地就想接近。他的容貌也许并不出众，但一开口就能让你不自觉地对他敞开心扉，有些人会把他当作知心朋友，甚至视为知己，与他交流一些专业领域的意见……总之，很多人对他都有一种一见如故、相见恨晚的感觉。

相信在有很多陌生人的场合，每个人都希望自己能够左右逢源，与对方有一见如故之感。但现实往往是，别人在那儿侃侃而谈，自己则在角落里无所事事。这时候，相信谁都会懊悔：为什么自己就跟别人聊不到一块儿呢？

其实，这并非难事，只要你懂得从恰当的话题开始说起就行。与人交谈，让你的话给对方留下深刻的印象这是非常重要的。试想：你与人聊天时，对方聊的都是无趣的话题，你会想跟他继续聊下去吗？恐怕不会吧。

电影《冰雪女王3》上映的时候，小敏特别开心，在办公室问：“下班谁跟我一起去看电影？”

阿飞问：“最近有什么好电影上映吗？”

小敏连声说：“有呀，有呀，《冰雪女王3》上映了。前两部超好看的，我非常期待这一部。”办公室里几个女同事也附和说，这部电影的前两部确实很好看，几个人打算下班一起去看。

阿飞听大家都说这部电影口碑好，小声嘀咕道："什么好电影呀，我以前怎么没听说过。"说着，他上网搜了一下，这才知道原来是一部动画片。他诧异地说："天哪，你们都多大的人了，还看这种动画片？幼不幼稚啊！"

原先欢快的气氛一扫而空，几个女同事的脸色瞬间就不太好看了。一个同事打圆场说："这种电影老少皆宜，都可以看的。"

阿飞却没完没了，继续吐槽："你们女人真有意思，去电影院不看动作大片，反而看动画片，真是有钱烧的，这种电影在手机上看看就行了。"

几个女同事撇撇嘴，不言语，但从那以后，她们对阿飞的态度都冷冰冰的。

你的身边是否也有像阿飞这样的人？

你戴着新买的项链，他瞟了几眼就开始刨根问底："多少钱买的呀？""哎呀，一千多可以买条金的啦，你怎么还买彩金的呀？你太傻了，买亏了！"

你换了一个新包，他说："哎哟，你怎么又换包包啦？一看就知道不便宜，你这个月的工资都花在这上面了吧？"

总之，他们一张嘴就在释放负能量，话题永远围绕着自己，似乎你不按照他的思维模式生活，你的人生就糟糕得一塌糊涂。

很多时候，我们认为这些人说话刺耳并不是出于恶意，而是直言不讳。但是，这种充满负能量的话，听一次两次没关系，三次四次就会让人心生反感。时间长了，即使对方不是有意为之，我们也会不自觉地疏远他——谁也不愿意整天和一个说话带刺的人在一起。

其实，要想实现有效沟通就得先让对方觉得舒服。说话不仅是一种能力，也是一种修养。那么，如何让自己成为受人尊敬和欢迎的人呢？

有人做过一个比喻：人的社交圈以自己为圆心，以年龄、爱好、经历、知识等为半径，由此而构成了无数个同心圆。所以，你与他人的共同点越多，重叠面积越大，就越容易引起共鸣。

为此，在与他人沟通交流时，找到合适的切入点至关重要——切入得好，一切都会水到渠成；切入得不好，可能会因此产生隔阂。

其实，每个人心里都有一个柔软而温暖的角落，那里住着自己最亲近的人，一旦他发现你也在关心他所关心的人，他就会对你产生一种亲近感。

你在说话时不妨利用一下人们的这种心理倾向，以对方最关心的人作为切入点，由此拉近彼此的关系。

李莉莉的老公是一个红酒销售经理。因为业务有交集，李莉莉经常会跟老公一起参加应酬。一次，李莉莉陪老公参加了一家公司举办的聚餐。由于彼此都不熟悉，李莉莉和他们互相寒暄了几句客套话后，觉得实在无聊，就拿着手机跑到了沙发的一角看起了微博。

“你也是因为无聊才躲到这里来的吗？”一位穿着打扮端庄、大气，跟自己年龄差不多的女士笑着跟李莉莉打招呼。

“嗯，是的，你也是吗？我们真是‘同是天涯沦落人’。”李莉莉半开玩笑地说。

“你喜欢关注微博吗？”女人不经意间瞄了一眼李莉莉的手机。

“嗯，是的，平时我喜欢看一些没有压力的娱乐八卦，偶尔关注一下自己喜欢的明星。”李莉莉回答道。

“真的吗？太巧了，我也喜欢这些。老公总是说我长不大，老跟那些小姑娘凑热闹，不过我就是喜欢他们呀，你看看胡歌，如今真是越来越有魅力了呢！”那位女士像找到了“知音”似的，惊奇地说。

“你喜欢胡歌吗？我也好喜欢他，他是我的偶像。”李莉莉也很激动。

“嗯，我是胡歌的‘铁粉’，并且我觉得胡歌现在比他年轻的时候还令人着迷。”女人高兴地抒发着自己的见解。

“嗯，是的，我们两个的想法真是一模一样。以前我对他感觉一般般，最近我觉得他的眼神里充满了人生的沉淀！”李莉莉说着，激动地握住了那位女士的手。

就这样，两个初次见面的人越聊越开心，越聊话越多，仿佛是久未见面的老朋友……

由此可见，和别人聊天时谈论两个人都关注和喜欢的话题是多么的重要。所谓“相见恨晚”不外乎像她们这样的情形吧。

社会就像一个缤纷绚烂的万花筒，你总会遇到不同的人，有的人锋芒毕露，有的人腼腆内敛，不过没关系，这并不影响你与人沟通交流——只要你能找到共性，把感动送到对方内心深处，那么不管对方是谁，都会对你产生亲近感。

第二章

表达会被情绪左右，冲动下的语言不会动听

没有谁，喜欢成为情绪的垃圾桶

每个人身上都带有一种能量，或正或负。正能量代表了健康、积极与乐观，拥有正能量的人，他们身上会散发一种魅力。无论他们处于何种地位，从事何种职业，他们总能成为大家的焦点，都会给人以阳光般的生机与温暖。正能量是可以传递的，与这样的人交往，会潜移默化地受到他们的影响，令你被快乐向上的情绪所感染。和正能量的人交往，能让自己忘记不愉快，始终相信生活是美好的。

负能量的人，则恰恰相反。他们遇到问题，便满腹牢骚、抱怨不休，不会反思自己的过错，而是把责任推卸给他人。负能量的人是生活的悲观者，他们总是习惯看到事物的消极面，一味地宣泄对人、对事、对世道的愤懑，只看得到人情的凉薄与社会的不公。长期与负能量的人相处，会影响你的心境，即便你有足够的意志力，也会受到负能量的感染。

张萌萌与李晓慧是在参加一次社会公益活动时认识的，李晓慧的直爽性格让张萌萌对她心生好感，两人在活动期间也很聊得来，之后便一直保持着联系。由于两人所在公司相距较远，张萌萌平时又比较忙，两人多半都是电话联系，且一般都是李晓慧打电话过来。李晓慧的话比较多，这在两人第一次见面时张萌萌便有所感悟。每次李晓慧打电话过来，没有一个小时是不会挂电话的。张萌萌把李晓慧当作好朋友，因此即使有时自己很忙，也还是尽量抽出时间接电话。李晓慧在电话那头说个不停，多半是生活里七七八八的小事，张萌萌大多时候扮演着倾听者的角色，偶尔附和一两句。

日子久了，张萌萌便发现李晓慧几乎每次说话的内容都是相似的：抱怨上司给她安排了难度很大的任务，抱怨同事明明工作能力不如她却升职了，抱怨公司的饭菜不合胃口，抱怨出门时没带伞下班后下雨了，抱怨邻居家的狗整夜吠叫让她不能好好休息。李晓慧不停叹着气，张萌萌每次都安慰她，并同情李晓慧的遭遇。

与好朋友分享快乐与不悦本是极其正常的，但两人相处的时间越来越久，张萌萌便有些招架无力了。李晓慧不停地抱怨，张萌萌每次需要用恰当的语气，找寻合适的词语来安慰她。到后来，张萌萌搜刮了脑海中的一切词汇，却发现组不成新的句子。张萌萌不可能每次都用同样的话语来劝慰李晓慧，当她实在不知道该回一句什么样的话时，张萌萌感到很是尴尬。不能敷衍，不能保持沉默，面对李晓慧的抱怨，张萌萌总归是束手无策了。

当张萌萌同事问她最近是否遇到困难了，因为看她最近脸色很差，张萌萌这才被同事的话语所惊醒。她并没有遇到困难，不过是受到了李晓慧的影响。当李晓慧受到委屈时，会在半夜给张萌萌打电话。听完李晓慧的哭诉，张萌萌心情也不好，还得安慰李晓慧。张萌萌晚上没能休息好，自然影响到了第二天的工作。李晓慧不停地向张萌萌诉苦，控诉着这个世界，潜移默化，张萌萌看待事情的角度也变得越发愤然与悲观。李晓慧就像一个负能量源，不断地向她传输负能量，张萌萌在不知不觉中被负能量感染，自己也变得消极。张萌萌反思缘由后，便开始疏远李晓慧。两人的感情慢慢淡化，直至李晓慧不再联系张萌萌。张萌萌却不后悔，如今的她又变回了那个积极乐观的她。李晓慧还是一

股脑地控诉这个世界，只不过诉说的对象不再是张萌萌。

没有人愿意当情绪的垃圾桶，那些总是沉浸在负能量里的人，往往习惯性地把他人当作情绪发泄站。正所谓“近朱者赤，近墨者黑”，选择与正能量的人相处，生活便会锦上添花；选择与负能量的人相处，生活便是一团乱麻。我们要坚决抵制负能量，让自己成为正能量的传播者。如果你对自己缺乏信心，那就多与正能量的人交往，以诚相待，时间久了，你就会发现自己正能量的提升。遇到问题，要学会端正心态，用自己的能力去解决问题。

生活中，我们要学会控制自己的情绪，不要将负面情绪传染给别人，不要让别人成为你情绪的垃圾桶。要做一个充满正能量的人，成为一个能给别人带来快乐的人。

警惕情绪中的蝴蝶效应，小情绪酿成大灾祸

“一只蝴蝶在巴西扇动翅膀，导致了一个月后得克萨斯的龙卷风。”这就是混沌学中著名的“蝴蝶效应”。情绪中的“蝴蝶效应”则是指如果我们不注意控制微小的不良情绪，最终很可能会酿成大灾祸。

情绪像疾病一样会传染，一个人的坏心情会在短时间内影响周边许多人，比躯体疾病更具“杀伤力”。当坏情绪传染到一定阶段的时候，就会爆发出来，引发不良后果。比如，在一个家庭中，当丈夫责怪妻子，而妻子把怒气撒在孩子身上，就对孩子形成了伤害。孩子长期在争吵的环境中成长，性格也会逐渐变得暴躁易怒，继而导致经常在学校里打架斗殴的情况，甚至最后可能会走上犯罪的道路。现实生活中，我们身边随时随地都在上演着一幕幕的“蝴蝶效应”。

贝贝从小是一个聪明可爱的孩子，人见人爱。可贝贝的家庭却并非是一个“可爱”的家庭。贝贝的父母经常吵架，每当贝贝放学回家，看到的情景总是父母在家里不停争吵，有时双方甚至会大打出手。而且，每次贝贝的妈妈被他爸爸狠揍一顿后，总是拿贝贝撒气。

有一回，贝贝的妈妈坐在客厅地上哭，贝贝看到后，想上去安慰一下妈妈，走过去说道：“妈妈，你怎么了，为什么哭啊？”

贝贝妈妈抬头看了贝贝一眼，立刻对贝贝骂道：“我哭什么你不知道吗？

还不是你那个混账老爸。你也不是个省心的东西，要不是因为有你这个累赘，老娘早就和他离婚了……”

贝贝看到妈妈声嘶力竭地骂着、哭着，吓得一动都不敢动，只有站在原地呆呆地发愣。

渐渐地，贝贝的性格变了，在学校变得内向，常常坐在座位上发呆，下课了不和小朋友们玩。放学后，贝贝也不愿意回家，他不想看到爸爸和妈妈，不想听到他们吵架，更不想成为他们的出气筒。

这样的日子过了一年又一年，贝贝逐渐长大了。贝贝因为每天不愿意回家，在街上溜达，结识了很多社会上的小混混。有一次，他在路上和一个陌生人不小心发生了碰撞，虽然对方表示了道歉，但贝贝依旧不依不饶，打骂对方瞎了狗眼，更造成双方大打出手。而贝贝因为下手过重，把对方打成重伤，不仅面临大笔医药费的赔偿，更因为故意伤人而受到刑事处罚。

这就是“蝴蝶效应”下造成的伤害。贝贝的父母因为脾气暴躁，情绪不好，就把怒气牵连到孩子身上，导致聪明可爱的贝贝变成了性格极其叛逆的孩子，最终因为造成了对他人的伤害，而毁了自己的人生。

现代社会中，人们的工作和生活压力越来越大，竞争也越来越激烈。这种紧绷的状态很容易导致情绪的不稳定，很多人碰到一点不如意的事情就变得烦躁、愤怒，但是又不知道如何控制自己的情绪，很容易将坏情绪传染给身边的家人和同事。

心理学中的“踢猫效应”同样反映了坏情绪的传染所导致的恶性循环。父亲在公司受到了老板的批评，回到家看见孩子在沙发上跳来跳去，就将孩子臭骂了一顿。孩子心里感觉非常委屈，就狠狠地踹了一脚身边打滚的猫。猫逃到大街上，正好一辆卡车开过来，司机为了避让这只猫，把路边的孩子撞伤了……情绪的相互传递与相互影响，同样可以掀起一场风暴。所以，在工作和生活中，我们要懂得控制自己的情绪，及时排解不良情绪，远离情绪风暴。

曾经有人说过："情绪这种东西，非得严加控制，否则一味地纵容自己悲怜，便会让你越来越消沉。"所以，我们在任何时候都要学着去控制自己的情绪，千万不要让蔓延的坏情绪破坏了自己本该美好的生活。

徐敏在某家首饰店做导购，每天都乘地铁上班。

周一早晨地铁很挤，刚刚出了地铁，徐敏着急地想看一下时间，但是翻遍手提包也找不到手机。这时，徐敏突然想起在地铁口有个人挤了她一下，手机肯定是被那个人偷了。这可是徐敏刚买了没两个星期的新手机，徐敏气得直跺脚。

由于徐敏一路气愤不已，完全忘了要赶点上班，这下好了，上班也迟到了，关键是还被店长看到了，因此徐敏又被批评了一顿，原本郁闷的心情顿时更为严重。没一会儿，店里来了一位顾客，他想看看玻璃柜里的一条金项链。

徐敏装作没听见，对此置之不理。那位顾客以为徐敏没听到自己说的话，于是他又朝着徐敏大声招呼了一声。徐敏不耐烦地看了顾客一眼，没好气地大声嚷道："你喊什么啊，不就是看项链吗？我给你拿就是了！"

徐敏这一吼，周围的几个同事都愣了，大家议论纷纷，猜测徐敏今天到底是怎么了。顾客听后非常生气，直接反映到商店老板那里。结果，徐敏又被老板大骂了一顿。老板不仅要求她向顾客道歉，还要扣除她的工资。徐敏发这一顿脾气，差点连工作都丢了。

一个人如果不懂得控制情绪，就很容易因为一些微不足道的事而产生较大、较明显的情绪波动。情绪化的人往往遇事不是大喜就是大悲，这样对一个人的身心并无好处，并且，如果这种坏情绪散播开来，还会影响到身边其他人。

在现实生活中，为何有些人明明能力不错却平淡一生，无所成就？有些人苦苦奋斗却始终原地踏步，不见成效？其实，他们大多是因为心态失调，情绪不稳定，总受到坏情绪的误导，以致无法发挥出自己的真实水平，最终导致失败。

那么，我们该如何摆脱坏情绪呢？

1.要时刻提醒自己别被琐事烦扰

在生活中，一定要学会理性控制自己的情绪，时常在内心告诫自己："别生气，为这点小事不值得！"时刻提醒自己不被琐事烦恼，避免去想不开心的事，慢慢地就会懂得该如何控制情绪。

2.要学会包容一切

俗话说得好，海纳百川，有容乃大。包容是人生最大的智慧，每一位成功者，都具有一颗包容的心。若能学会包容一切不能容忍之事，那还有什么事能影响到自己的情绪呢？

3.要找到合适的倾诉对象，让情绪发泄出去

每个人都会有委屈、烦闷、不愉快的时候，当你无法自我调节好情绪时，要学会找到合适的倾诉对象，让情绪有所发泄。当然，这并非是鼓励大家把坏情绪转移给他人，而是让他人帮助你寻找调节坏情绪的方法，例如，向知己倾诉或者大哭一场。把内心的烦闷发泄出去，才对自己身心更健康。

芝麻小事，切勿烦忧；他日之事，也无须提前自寻苦恼。人活一世，应当有所追求，有所舍弃。尝试放宽心态，把每件事情都看开一些，看得轻松一些，试着每天都让自己多一些快乐，那么情绪就会自然而然地掌控在自己的手中了。

脾气不懂遏制，身边无辜的人就会遭殃

爱发脾气的人就像一颗定时炸弹，一不小心，便可能伤害自己、殃及周遭的人，将自己连同身边的人炸得粉碎。脾气不好的人，常常会因为一点点小事便闹情绪。不看场合、不分事情轻重、不辨对错乱发脾气，不但有失修养，这样的人，也会让他人敬而远之。每个人都有脾气，但没有人会愿意与一个脾气不稳定的人交往。怒猛于虎，周围有个脾气大的人，与之有关的人都会遭殃。

如果家里有一个脾气大的人，家里将会不得安宁。他会任意数落自己的家人和孩子，而原本高兴的一家人，便会因他的负面情绪而心情糟糕。脾气不好的人在工作中也容易碰壁，与领导、同事时常发生冲突，这样的人，不但惹人厌，还会因此丢掉自己的工作。

坏脾气其实是一种不自爱的不良习惯。无论是大事还是小事，总会遇到让自己不顺心的事。你不必强制自己去喜欢那些你不认同的人或事，但也要明白他人有权选择自己喜欢的人与事。不要把纯净的心灵变成情绪的垃圾桶，不把别人的不是全兜在心里，自己的心要自己爱护。

作为家里的独子，宋志从小便受尽了宠爱。无论要求是否合理，只要是宋志想要的，家人便想尽一切办法满足他。还是儿童时代的宋志，一日跟别的小孩打闹，不管是不是宋志的错，他的家人总会偏袒他，为他出头。任性、自

私、爱发脾气的宋志，却被家人无限包容着。

随着年龄的增长，宋志的小性子没有丝毫收敛，甚至更为暴烈。只要稍微不如他的意，他就会大发脾气。宋志家人有时也会觉得宋志脾气太暴，这样不好，却想不出更好的办法来让他冷静，只得哄着他。偶尔宋志的表现太糟糕，家人也会说他两句，宋志不但对劝说不以为意，还会顶嘴。不只在家里，宋志的臭脾气在学校也是有名的。与同学一言不合就打架，对于老师的教诲也是左耳朵进右耳朵出。宋志在学校爱闹事，老师管不了，只得打电话给他的家长。宋志的家人频繁进出学校，却并没有什么作用。

性格一旦形成，是不容易改变的。当宋志不断闯祸，甚至多次犯下较为严重的错误时，家人才悔悟从小对宋志太过骄纵与宠溺。小时候的宋志会因生气砸碎邻居家的玻璃，少年时的宋志会因生气砸坏对方的小车，如今成年后的宋志会因生气随手拿起身边的东西砸向对方。宋志在砸伤他人的同时，自己也免不了受伤。家人劝说无效，最终狠下心痛打了宋志一顿，结果却适得其反。在一次与家人大闹之后，宋志一气之下离家出走，之后与他人发生矛盾，受了重伤，性命垂危。

没有人从来不发脾气，当你感到愤怒，对身边的人或事感到不能容忍，你便会发泄情绪。发脾气是生活中不可或缺的一部分，它可能出现在你赶时间却被车流堵住时，也有可能出现在你与家人吵架时，还有可能出现在与同事闹矛盾时。只要是正常的人，便会产生情绪波动。只是，不乱发脾气是一个人成熟的标志。当你能够克制自己的冲动，控制自己的情绪，理智地对待让自己发狂的事或人时，你便是一个身心自由的人。

如果你止不住发脾气，待冷静后，便要对自己生气的原因认真进行反思，明白乱发脾气的原因及代价。你也可以寻找信任之人进行监督，让他在你失控时及时提醒你。通过多次实践，定会有所收获。

从小孩到老人，不管何种学历，都会有生气发脾气的时候。但发脾气往往会把事情越弄越糟，不乱发脾气，才能更好地解决问题。

说出的话，不要总是那么难听

话不在多，耳顺就好。好听的话，他人更容易接受；难听的话，只会让对方产生抵触心理。同一个意思，有的人说别人就乐意听，有的人说则会引起别人的反感。这就是表达方式不同的结果。

会说话是一种技巧，如果你掌握了，即使说不好听的话别人也能听出善意。但是不讲究方法，纵然是赞扬，对方也不会领情。

小贤是个特别不会说话的人，有一回他偶遇老同学，两个人坐下聊了聊，聊到薪资问题时，出于好奇他问对方月薪是多少。老同学说，加上提成、补助、奖金，平均月薪××元。小贤一脸夸张地说："天啊，要是按上海的房价，你上两个月班才买得起一块地砖嘛！"

老同学当场就黑脸了。

还有一次，他听说市场部的同事飘飘会弹钢琴、会书法。在餐厅碰见时，小贤主动打招呼说："飘飘，听同事说你很有才，会的东西很多。"

飘飘笑着说："也没有啦。"

小贤继续说："是啊，你会那么多东西对工作也没帮助，又换不来钱，还不如不学呢。"

飘飘的笑容僵在脸上，从那以后，她碰见小贤也当作没看见。

小贤之所以不受欢迎，就是因为他总是出口伤人。而且很多时候，他以为自己的那种行为很幽默。就像他和老同学聊天时，他想形容上海的房价多么高，可话一出口就变了味，还得罪了人。

没人喜欢听不合时宜尤其是批评的话，说得不好肯定会得罪人，哪怕你出发点是好的。我们经常说“刀子嘴，豆腐心”，但是不了解你的人不知道——如果不懂说话的技巧，你的“刀子嘴”只会伤人伤己。

说话要照顾别人的感受，要尽量用委婉的方式去说，把话说到对方的心里去，这样才能达到想要的效果。心理学家说，“并不是所有的人都能听进去逆耳忠言”——明明是好话，但表达方式不对，对方就不会领情。但是，我们完全可以将忠言说得顺耳一些。

一个人意识不到说话方式的重要性，很难在交际上取得成功。相反，凡是在交际中顺风顺水的人，都擅长说话——他们不论说什么，别人都爱听。

说话体现了一个人的素质水平，所以，在任何场合我们都要重视表达的技巧和作用。

首先，跟人说话时要控制自己的情绪，不要因为自己心情不好就冲人发泄。所以，当你在气头上时，最好暂时保持沉默——等情绪平复了，再用温和的态度跟别人交流。好态度也是一种好的表达方式。

其次，要明白说话是一种沟通方式，而不是攻击别人的手段。有些人开口就是“你不对”“你不懂”“你不要”，对方一听肯定会不高兴。所以，说话时要多用肯定语气。

说话带攻击性是最差劲的沟通方式，你完全可以用温和的方式让对方明白你的心意，没必要说伤人的话。

最后，要利用好幽默的表达方式。跟人说话时，如果遇到不好说的话题，可以幽默地表达自己的意见。因为，有些话如果我们说得很严肃，别人心里难免会不悦，如果此时幽默一下，可以缓和气氛，还可以让你的表达更深入人心。

有个人去小酒馆喝酒，喝了一口就吐了。他一拍桌子，破口大骂："酸死了，这是什么酒啊？你们这里简直就是黑店。"

老板也不是省油的灯，哪里受得了这份气，立刻找来伙计，把这位客人打了一顿。

客人躺在地上哇哇乱叫。这时，店里又来了一位年轻小伙子，他问："这是怎么回事啊？你们在表演格斗吗？"

老板一听，怒气消了一些。

小伙子了解情况后，自己也尝了一口酒，没承想，他也皱着眉头说："哎呀，老板，你把我也打一顿吧。"

老板愣了一下，继而明白了小伙子的意思，不好意思地笑了笑。最后，老板立刻让人换了新酒。

两位客人都在说酒难喝，一位因为不会说话挨了打，另一位则幽默地点醒了老板。可见，幽默是进行温和交谈的法宝。

此外，说话前要三思。有些人说话不过大脑，他们在交际中很容易触碰到别人的"雷区"，引起对方的反感——"祸从口出"说的就是这种口无遮拦的人。

因为，每个人都有忌讳的事情，我们在说话时要尽量避免。如果非要说，则应该通过暗示性的话含蓄地表达出来。

我们要学会谨言慎行，说话的方式有多种，面对不同的人、不同的场合，我们要灵活运用。只有做到说话讲究方法，才能和谐地处理好人际关系。

切莫得意忘形，张扬只会带来负面效应

有位企业家曾说过：“当你经过千辛万苦使你的产品打开市场的时候，你最多只能高兴5分钟，因为你若不努力，第六分钟就会有人赶上你，甚至超过你。”

这句话告诫我们，一时的成绩不代表永久的成功，如果得意忘形，一味张扬、炫耀，只会带来负面效应。所以，无论多高兴，都要懂得适可而止。

在特洛伊人与希腊联军的战役中，双方均有胜负。后来，有人给希腊联军献计，佯装撤退，只将一匹大木马留在城外，但在马腹内藏了精干武士，其余主力军皆隐藏于附近。

特洛伊人看见希腊大军浩浩荡荡地撤退，以为敌人就此罢手了，于是将木马拖入城内，当作胜利的果实。

但让特洛伊人乐极生悲的事情发生了。就在他们欢歌畅饮庆祝胜利的时候，藏在木马中的敌人全都跳了出来，悄悄打开城门，跟城外的主力部队里应外合，将特洛伊人灭亡了。这就是特洛伊木马的故事。

在取得阶段性胜利或成功时，人们往往喜不自禁、忘乎所以，这是人类普遍存在的弱点。而不能抑制骄傲自满的情绪，就是其失败的原因之一。

举例来说，当上司嘉奖你或给你加薪、升职的时候，你肯定会感到十分高兴、得意。当然，这无可厚非，但你一定要记住，不能得意忘形。如果你仅仅因为取得的一点成就而沾沾自喜、忘乎所以，那么你很可能就离失败不远了。

从前，有一位身居要职的高官。每当他忙完公事后，就喜欢和别人下棋，而且自认为已经达到了国手的水平。有一天，高官同门下的一名食客对弈，食客刚走了几步棋，就表现出咄咄逼人的凌厉之势，让他知道遇上了劲敌。过了一会儿，高官就被逼得心神大乱，额头上的汗珠也纷纷滚落。看见对方焦急慌乱的神情，食客格外高兴，便故意露出一个破绽。高官发现后，就立即大举进攻，满心以为自己能绝处逢生，转败为胜。谁知食客竟然使出撒手锏，拿起一颗棋子放入盘中，得意扬扬地说：“这回，你还不想死吗？”高官突然受到这种打击，心中燃起一团怒火，立即起身就走。这位高官平时非常注重个人修养，胸襟和度量都远远超过一般人，但他也受不了这种挑衅，因此他对这名食客得意忘形的神态和无礼的言辞，始终无法忘怀。而这位食客也一直想不通为什么高官从此不再与他下棋。实际上，这位高官原本是打算提拔食客的，但是就为了这一件令他深感不快的事情，他把食客晾在了一边。于是，食客没有获得重用，以至于抑郁终生。

人在得意的时候，通常容易自我感觉良好，虚荣心会极度膨胀，甚至变得眼高于顶，无视别人的存在，这就常常会给自己带来不良的后果。

人要懂得在得意的时候学会谦逊，这样内心才会获得平静。在职场也是如此，当你在取得成功的时候，一定要告诫自己：与职业规划相比，这不过是微乎其微的一点成绩，不能高兴得太早，还需继续努力。

冲动是魔鬼，凡事需要学会克制

有一句老话叫“冲动是魔鬼”，在生活中，我们时常会遇到一些性格较为冲动的人，他们极易被他人所激怒，继而做出一些超乎想象的事情，一旦造成危害，后悔也为时已晚。倘若他们在面对一些事情的时候，能够冷静地思考，把前因后果都在大脑中仔细地考虑清楚，再做决定，那么将会避免很多悲剧的发生。

桑德斯是一名海滩救生员，因自幼在海边长大，他的水性非常好。尽管他还是一名新人，但老队长对他十分器重。

有一次，海上突然刮起狂风，暴雨瞬间来袭，一名正在海里游泳的女游客的生命安全受到了威胁。紧急时刻，桑德斯不顾一切跳进海里，以最快的速度将女子安全救回。他本以为会受到队长的表彰，不料竟遭到了严厉的批评：那片海域的海底环境非常复杂，他在跳水之前，却没有仔细观察周围环境，甚至连自救设备都没有佩戴。队长严厉地责备他，这样的做法不仅不能保证女游客的生命安全，甚至有可能连自己的性命都会搭上。尽管最后救援成功了，但那也只是碰巧运气好而已，绝对不是一名专业救生员应该有的表现。

听了队长的话，桑德斯觉得非常委屈：明明很出色地完成了任务，却被队长吹毛求疵，无端指责。他不服气地顶撞了几句，并将自己的各种装备和证件恶狠狠地扔在队长面前，愤愤不平地宣称自己不干了，转身就走。

在那之后很长一段时间里，桑德斯都没找到合适的工作，因为他内心仍然向往着大海，向往着救生员这个能体现他个人价值的职业。他每天颓废度日，生活过得十分潦倒。

一次偶然的机会，他遇到以前的老队长。时过境迁，两人终于能心平气和地聊起往事。原来，老队长当时之所以严厉地批评他，一方面是不愿意看到他在救援过程中自己出现危险，另一方面是因为对他十分器重，希望他能做得更好，未来能够接队长的班，能救更多的人。

听到这些，桑德斯感到非常懊恼。如果当时没有那么冲动，能够了解到老队长的良苦用心，或许他就不会是今天这副模样了。

冲动不仅不能帮助我们解决任何问题，还会让人情绪失控，失去对现实生活的理性判断，从而造成家庭不幸、工作不顺和人际关系恶化等不利影响。

想要化解冲动，首先必须做到忍耐和克制。如果别人冒犯了你，一定不能让自己的情绪失控，更不能在情绪失控状态下做任何不负责任的决定。其次是要善于理智思考。出现不和谐的局面未必都是别人的原因，应多考虑自己的问题，想想别人的苦衷和意气用事可能造成的后果，要努力在平静的状态下解决问题。最后是要包容理解、谦虚礼让。很多纷争是源于误会或是不起眼的小摩擦。一次平和的沟通，一句诚挚的歉意，一个谅解的微笑，都有可能使紧张的局面得到缓解。

前世界拳王泰森是一个典型的争议性人物。20多岁时，他仅用18个月就拿下三大重量级拳王的金腰带。他拥有无数的财富，受到全世界粉丝的追捧，很多国家的领导人还亲自接见了他。

所有的一切使他急剧膨胀，而冲动的脾气更让他吃尽了苦头。他曾经因为强奸罪入狱3年，之后又因为暴力、吸毒等问题在法庭和牢狱之间进进出出。后来，他在一场比赛中气急败坏，咬伤了前拳王霍利菲尔德的耳朵。一时间，他成为“臭名昭著”的代名词。

生活的磨砺最终还是让他成熟起来。在经历破产之后，这位曾经骄傲的“王”不得不为了生计而努力，做了很多工作。如今，他已经变得平和许多。在回忆往事时，他说自己的人生曾经有一副好牌，是自己没有好好珍惜。以前，他太容易冲动，脾气差而且好斗，但现在他要努力让自己学会克制和忍耐。输赢对他来说已经毫无意义，他如今最害怕失去的是自己的家人——他想做一个好人。

俗话说，浪子回头金不换。像泰森这样一个极具争议性的人物，都能通过自己的努力克制住冲动，让自己变得平和理智，我们又有何做不到的呢？

李佳佳是一家软件公司刚上任的宣传部主任。公司经理引领她来到一间宽敞的办公室，对着一屋子同事宣布李佳佳正式走马上任，并指着一位40多岁的女士说：“这是你的助理刘小姐，有什么不清楚的，请她告诉你。”不过，等公司经理一离开办公室，刘小姐便开口说：“抱歉，我今天有很多事情要做，所以没有太多时间和你好好聊！”说完话，刘小姐便埋头工作，一整天没再跟李佳佳说一句话。而且，除了刘小姐外，办公室里的其他同事也对她横眉冷对，商讨工作时爱搭不理，仿佛李佳佳不是他们的上司，而是来给他们打杂的。

面对同事的排挤和刁难，李佳佳既没有生气，也没有抱怨，而是积极冷静地寻求解决之道。她先是旁敲侧击地摸清了这股不明敌意的底细，原来，这几位同事都为公司效劳了两年以上，每个人都以为宣传部主任的职位能落到自己头上，却没料到这个肥差让李佳佳给占了。找到源头之后，李佳佳也明白了，几位同事的刁难并不是冲着自己，而是对公司的人事决策不满。于是，她在办公室里坚持认真工作，并友善地对待同事，经过几次以德报怨的交锋，大家都被李佳佳的为人和能力所折服，继而接受了这个年轻的上司。

聪明的人能够控制自己的情绪，而愚蠢的人则常常会被自己的情绪所控制。所谓成功，就是能突破心理障碍，控制住自己的冲动，不在失去理智的情况下做决定。

要想获得成功，就必须突破冲动的障碍，懂得如何避免冲动的发生。首先，学会躲避，远离冲动现场。当人处于愤怒或者是冲动的情况下，大脑皮层会出现一个强烈的兴奋点，并不断向四周蔓延。想要远离冲动就必须避免这个兴奋点蔓延，避免失去理智，要有意识地学会转移兴奋点。其次，懂得忍耐，才是控制情绪的强者。忍一时风平浪静，要做一个理智的人，面对矛盾要用更加宽容的心去对待。当和别人发生争执时，在自己还没有失去理智之前，先考虑清楚为何会和对方争吵，问题是否在自己身上。若是持续争执，一旦失去理智，冲动的后果自己是否能够承受？冷静地思考问题，就可以迅速将自己从冲动的边缘拉回来。最后，要寻找更好的避免冲突的方法。理清思路，想明白与对方发生冲突的主要原因是什么？双方产生分歧的关键在哪里？什么样的解决方式能让双方都接受？想明白这些事情，自然就能找到问题的最佳解决方式，进而避免冲动的升级。

装出好心情，控制自身坏情绪

当你心情郁闷，感到喘不过气的时候，不要一味地压制自己，适当地释放情绪，大声喊一喊，用力跺跺脚，或者抱头痛哭一场，将内心的苦闷宣泄出来，心情就会有所好转。

还有一种控制坏情绪的方法，叫“装”出好心情。就是当你感到情绪低落时，就给自己一个心理暗示，告诉自己心情很好。最终，你原本只是装出来的好心情会变成真实的感受，从而在不知不觉间就忘记了坏情绪。通过“装”的过程而获得真实的好心情，就是一种有效控制坏情绪的方法。“装”出好心情是放松身心、从消极转向积极的最有效的方法。

丹丹今年刚25岁，但是在她身上看不出属于年轻人的青春活力，她总是眉头紧锁，声音低沉，一副萎靡不振的样子。这种状态持续了好几天，这天，丹丹和一位在公司大厦做保安的师傅一起乘坐电梯，师傅看了丹丹几眼说：“闺女啊，你怎么总是愁眉苦脸的，是有什么不顺心的事吗？”丹丹敷衍地说：“啊，叔叔，我没什么，心情不好而已。”

师傅哈哈大笑起来，说：“那我来教你一个办法，保证你以后心情很好。以后不管你遇到什么难事，你都告诉自己，我很开心，哪怕是不开心，你也要装作开心，然后没一会儿，你的心情就会在自己的带动下变得开心起来。”

丹丹下班回家，想要好好休息一下，谁知道她表弟把她的房间弄得乱七八糟，甚至弄洒了她最喜欢的香水，她刚要发火就想起电梯里师傅教她的办法，于是她默默地对自己说：“没什么，我要保持好情绪，我很开心，眼前的这一切都是小事而已！”刚开始的时候丹丹觉得很奇怪，自己就像个神经病。但是这么一想，自己似乎也真没那么生气了，反而觉得舒服了点儿。从那以后，只要有什么不开心的事，她就会让自己假装很开心。后来她终于明白了，一个人的好心情取决于最初的情绪选择，所以哪怕心情不好的时候假装一下好心情，也会弄假成真，与好心情结缘。

丹丹之所以能够摆脱萎靡不振的生活，并拥有好心情，最关键的一点就是她学会了“装”出好心情。无论是在工作中，还是在生活中，都可以利用“装”出好心情来获得真正的好心情。

其实，能够让自己获得快乐的心情也是一种能力。一个能让自己在不快乐的时候依然保持微笑的人，一定是生活的智者。很多人都喜欢“阿庆嫂”，却很少有人喜欢“祥林嫂”，这是因为，大家都需要以一种积极、阳光的心态去面对生活。

世界是公平的，没有人会事事顺遂，跌跌撞撞才是真正的人生。虽然生活中少不了波折和烦恼，但只要我们懂得调整自己的心态，就能让自己快乐如初。那么，如何才能“装”出一份好心情呢？首先，运用假笑疗法。生气时，可以找一面镜子，对着镜子努力挤出笑容，持续几分钟之后，你的心情就会变得好起来。实验证明，假笑时，体内横膈膜会将假笑引发成真笑。不知不觉中，你就会由衷地发出笑声了。其次，学会转变角度思考问题。很多坏心情都是钻牛角尖导致的，当你心情不好的时候就尝试着换个角度来思考，或许就会有不同的看法和收获。再者，当我们感到烦恼的时候，不妨多回忆一些愉快的事情，用回忆的美好填满内心，溢在脸上，就能“装”出好心情。

第三章

面对不同性格的人，需要不同的方式来表达

看清性格，再决定用什么方式表达

有些人在交际中总是人见人爱，这与他们看对象说话的沟通方式是分不开的。看清谈话对象的性格，才能灵活表达自己，才能在沟通中做到得心应手。

不是所有人都爱听好话，不是所有的善意都能被别人了解。也许你说的话不是字字珠玑，但就是能说到对方心坎上，这就是看对象说话的好处，更容易被他人理解，也更容易得到信任。

在与人说话时，首先要进行分类，观察对象是什么样的人，然后再决定用什么方式沟通。分类的方式有很多，可以根据他人的性格去找到合适的切入点，就能找到很好的沟通方式，顺利拉近彼此的距离。

在跟性格随和的人说话时，不要太过拘谨。有些人大大咧咧，跟谁说话都“不客气”，他们认为随意是一种亲近的表现。如果跟这样的人交流，你咬文嚼字，中规中矩，他们就很难对你产生好感。

张佩是一个很懂得去观察对方性格，和对方沟通的人。有一次，他在聚会上看到了一个熟悉的身影——小李。小李是他在上一家公司时的一个客户，两个人打过几次交道，也算相识。张佩了解到小李是个东北人，性格直爽，做事果断，有一说一。

张佩走到小李身边，立刻放下往常交际时的那些客套话，笑呵呵地说道：

“你小子最近在哪儿发财呢？咱可真是好多年没见了啊！”

小李听到张佩这么热情地和他打招呼，立刻也笑着说：“是老张啊！真是缘分啊，在这种场合都能遇到你！兄弟我还一样，几年了也没动窝！你在哪儿高就呢？”

“我现在到了××公司了，还是负责采购，也还是少不了兄弟你的帮忙啊！这次要是再合作的话，价格方面一定要照顾啊！”

“没问题！别人的面子不能，老张你的面子我还能不给吗？有啥用得着兄弟的时候，随时招呼！”

张佩看似随意地和小李偶遇、聊天，其实在聊天前就已经对小李的性格有所了解，知道他为人直爽，说话也是大大咧咧，直来直去。他明白，要是他说话客套、彬彬有礼的话，反而会给小李带来生疏的感觉，效果只会适得其反。

由此可见，和不同性格的人沟通，都是有学问和技巧的，不是所有人都能随随便便地聊天。在后面的小节当中，我们会详细介绍，对什么类型的人，用什么方式的语言沟通。因此，在这里不再进行说明。

和思想保守而又固执的人沟通时，一定要言简意赅。这类人话少又固执己见，面对他们，不要迂回说话，通过观察找出对方感兴趣的话题，然后再直截了当地询问就可以了。这类人很反感滔滔不绝，讨厌兜圈子，喜欢直接进入主题。

无论在什么时候，我们都离不开与人沟通，在沟通时，我们一定要学会根据对方的性格来选择沟通的方式。这样才能避免冒犯到对方，也可以让对方觉得与你“气味相投”，最后成为真正的朋友。

内向性格，表达时展示出真诚

世上的人总是各种各样，因此性格也会是各种各样的，有的人沟通时动不动就双颊绯红、词不达意、手忙脚乱。这种人大多是很内向的，或自知有某种弱点，他们往往感情深沉，待人接物总是小心谨慎，思维活动又倾向于内心，不善于对人表达。有时候，他们甚至害怕与陌生人接触，喜欢一个人待着。

内向的人通常说话比较少，经常会默不作声，看上去反应有些迟钝，而对其他人会表现出不屑一顾的神情，但是，他们的内心早已在认真倾听，而且开始琢磨你的话语。这样的人通常来说会非常小心，沟通的时候考虑得很周到。因为他们有一种天生的对陌生人戒备和警惕的本能，所以，他们无法表现出热情，就算是对你的观点表示赞同，他们也不会有很大的反应，仅仅是简单回应一句。这种表象会让与其沟通的人感到很压抑，觉得他不愿意搭理自己。但其实不然，他们只是不善于表达而已。

对于内向型的人，一定要温和地对待他们，要创造一个轻松的环境，让他们紧张的情绪缓和下来。在交谈时，尽量避免人多的地方，多谈谈他们的优点，或者也可以多谈谈自己的一些私事，诸如自己遭遇的尴尬事，让他们的心理保持平衡，让他们紧张、害怕、多疑或害羞的心理放松下来，从而对你充满信任，愿意与你交流，此时，无论是与其洽谈生意还是日常交流都会成为顺理成章的事。

张丽丽做服装生意已经十多年了，形形色色的顾客她基本上都见识过。这天，一位顾客走进店铺，看着店内的一些衣服。年轻的售货员小于快步迎上去跟顾客打招呼，问他有什么需要帮助的。顾客看了一眼小于，立即说："随便看看。"接着又独自来到某款衣服前仔细看了起来。

坐在柜台内的张丽丽从这位顾客一进门就开始注意他了。她发现当小于去跟他打招呼时，他明显表露出了害羞和紧张，张丽丽断定这是一位内向的顾客，如果让活泼的小于继续跟进，势必会搞砸一单生意。于是她示意小于到她这边来，并告诉小于这个顾客她要亲自盯，让小于照顾其他客人。

张丽丽发现这个顾客真的有购买的需要，通过刚才的观察，张丽丽发现他想买一件上衣，并且他对低档的衣服几乎都是一掠而过，而一直站定在高档的衣服架前。

此时，张丽丽满脸堆笑地走了上去，首先递上自己的名片，并做了简单的自我介绍后说："先生，您打算买件上衣吗？这样，我们去那边坐下来谈谈吧，那边比较安静，而且有不同的样品图片，您可以选定之后再看实物。"

顾客听了张丽丽的话，就跟她过去坐了下来。刚一坐定，张丽丽就说："不好意思，您稍等一下，我手机落在那边了，我去拿一下。"顾客随即说了声："没关系。"其实，张丽丽此刻并非真的需要手机，她只是给顾客的紧张心理留下一些缓冲的空间，为此才故意制造了点小失误。

张丽丽很快就回来了，还没坐下，就对顾客牢骚了几句："唉，也不知道怎么了，最近记忆力越来越差了，做事也是粗心大意，不是忘记事情，就是弄坏一些东西。这不，那天去超市居然把包落在购物车上了，回家坐公交车时，连票都买不了，弄得一车人都笑我。"

张丽丽尽量用自己的一件件的尴尬事帮顾客消减心中的紧张和害羞，而顾客也在张丽丽的引导下逐渐缓解了害羞、紧张的情绪，随口说：“其实每个人都会有不小心的时候，我也经常这样。”很显然，他对张丽丽表示了信任。

接下来，他主动将看中的样品指给张丽丽看，张丽丽告诉他：“这是今年最流行的款式，很多顾客都选了这款，而且面料、做工都是上乘的。”接着张丽丽让小于将实物拿了过来，并且让顾客到试衣间试穿了一下。

最终，那位内向的顾客买下了价格不菲的上衣。

张丽丽巧妙设置的“粗心大意”让顾客彻底打消了心中的紧张和害羞情绪，从而有效地拉近了与顾客之间的心理距离，为交易成功奠定了坚实的基础。

针对说话少的顾客，推销专家还特别提出建议，销售员要在沟通中富有条理性和专业性，将所购买商品的优点和缺点全部展示出来，从而提供更为全面的信息，同时还要有耐心，适当地保持沉默，让顾客有足够的时间去思考、抉择。

俗话说，“沉默是金”。这句话是商人们做生意时的“黄金法则”。在商业往来中，那些聪明的商人通常会适当地保持沉默，转变为倾听者的身份。这样会给对方一种工作严谨的印象，同时，也可以给合作者留下适当的思考时间。

小王是某品牌电脑的销售人员。有一天，一位先生来到他的店里选购电脑。柜台里的两名销售员马上过去主动打招呼，而且再三询问他所需要的机型。两名热情洋溢的销售员让这位顾客有些窘迫不堪，他甚至涨红了脸。后来，他只是说随便看看，就准备离开了。

小王在远处观察发现，这位顾客是一个比较内向的人，不爱说话。小王判断，顾客实际上已经看中了某一品牌的电脑，只不过因为款式和价格等因素，一时作不了决定，显得有些不知所措。

这个时候，小王赶忙上前将这位顾客请到自己的柜台前，对他说：“先生，您是不是看上了某款电脑，但是价格有点高？假如您确实喜欢，在价格方面我们能够给您最大的优惠。先到这边看看吧，这里安静！”顾客听了他的话，跟着他坐了下来。聊了一会儿之后，这位顾客明显已经对小王有了信任感，而且打算告诉他自己的真实想法。小王按照顾客的想法帮他推荐了一款适合的机型，而且价格也非常实惠，最后顺利地达成了交易。

那些说话少的人，虽然在嘴上不说，但他们心里有数。他们不会轻易说出自己的看法，可一旦他们愿意发表意见，其所提的问题往往会说到要害，很实在，也很尖锐，会让对方无法应对。

事实上，内向的人并不是那种冷若冰霜、难以沟通的人，在他们冷漠的神情之下通常有一颗火热的心。在与他们沟通时，当他们感觉到你的诚恳后，就会自然地表现出友好的一面，等到彼此熟悉起来，他们会信任你、依赖你。因此，在与人沟通时要特别注意观察和分析对方的性格，学会拉近与他们之间的距离。只要可以准确地把握对方的心理变化，对症下药，沟通过程就会十分顺利。

外向性格，表达时需找到共鸣

相对于内向型的人，大多数人还是更喜欢和开朗的外向型的人沟通。和外向型的人交谈总是非常愉快。但有时你也会发现，与外向型的人聊天时，他们会突然直接离开了。为什么会这样？

原因只有一个，那就是外向型的人讨厌啰唆。和外向型的人沟通时，要看准他们的爱好，言谈举止能够引起他们的共鸣，这样才会相谈甚欢。而当你和他们交谈的是他们兴趣之外的内容时，他们就会很想离开，不再与你聊下去。

一位图书发行去一家公司销售他们的新书，当进入到公司时，偶然看到老总的书架上放着几本旅游攻略，刚好这位图书发行也喜欢旅游，于是就和老总聊起了旅游的话题。两个人聊得热火朝天，从大众的旅游市场、到小众的地方、再到如何在路上发现好吃的好玩的等攻略，聊到最后都忘记了时间。

到中午的时候，老总才想起来这个图书发行来这里不是聊天来的，问道："你们社主要出什么类型的书，把书单拿来我看一看吧。"这位图书发行于是赶快拿出书单，并向老总介绍哪些书比较热销、哪些书适合什么受众。听完介绍后，老总说道："好的，知道了。把你认为能热销的那些都签一下吧。"就这样，从相识、聊天到最后的相熟，双方就在旅游上找到了共同点，最后签订了购书合同。

从上述案例中，我们可以看到，这位图书发行人员一进入这家公司老总的办公室，敏锐地从书架中发现了老总的爱好，并通过此点找到了和老总的共鸣，最后相谈甚欢，交易也顺利进行。找到“共鸣”，找到你与对方之间的“共同话题”，说难不难，但说简单也不简单。首先，你们是第一次见面，如何做到能够第一时间消除客户对你的戒心和陌生感，至关重要。你唯有通过敏锐的观察，如穿着、发型、说话时的声调、语气等，才能发现其个性特点。若对方是一个公司的高层，有自己的办公室，那更可以从墙上的画、书架上的书、柜子中的摆设等来判断对方的爱好。

当你能够准确地找到和对方的共同话题后，谈话自然就会顺利地进行。那么，如何判断你找的话题是否与对方有共鸣呢？可以通过观察客户的反应。好的话题，当你一开头时，发现是对方熟悉的，这说明有的谈；而发现对方感兴趣时，这就是爱谈。当找到对方爱谈的话题，而你又正好了解时，自然就会谈得其乐融融。

找到与外向型的人之间的共鸣，不仅会使沟通进行得顺利，更会为你的事业和生活中增添一个朋友。因此，每一个人都应该学会和懂得如何去寻找与对方间的共同话题，如何能够与人交流产生共鸣，最后沟通得顺畅、愉快。

同时，但凡遇到自己喜欢的或感觉不错的人时，性格外向的人都会明显地表示出自己的喜爱，同时沟通的热情也非常高。而对于自己不喜欢的人，他们则会直截了当地表示自己没有交谈的兴趣，不会给你留半点儿面子。他们一般都很有主见，对自己要做的决定能迅速地判断。但是他们的判断缺乏客观性，往往完全由主观意识决定，因此，与外向型的人沟通时一定要找到他们喜欢的话题，从而让气氛更融洽。

小莉在房地产销售行业已经工作5年了。在这5年里，她从一个刚出校门的懵懂青年变成了一个老练的房地产销售精英，从最初被人欺负的“菜鸟”成功地历练成了人人敬佩的人。

她的巨大进步，虽然离不开公司的培养，但与她自己的努力也是分不开的。小莉很善于总结，每天晚上她都要在完成一项工作后才去睡觉，她要将一天内遇到的顾客类型进行分类，并找出一种最好的应对方法。时间长了，她就能自如地应付不同类型的顾客了。

一天，一位顾客要求过来看房，电话预约好见面地点后，小莉便急匆匆地开车来到了约定地点。刚下车，顾客就笑着走过来向她问好：“你好，速度还挺快啊。”小莉见此并没有感到诧异，而是一下子就判断出对方是一个性格开朗的顾客，想要与他接近，拉近彼此之间的距离，就必须以一种豪爽的态度去与他接触，而一定要避免扭捏和做作。想到这儿，她就热情地一边跟顾客打招呼，一边主动去跟顾客握手。

到了要看的房子跟前，顾客的电话突然响了，他边说“先接个电话啊”，边向外掏手机。很快，他就旁若无人地与对方聊上了，一会儿大笑，一会儿感慨，声音一会儿特别高，一会儿又很低沉。虽然他知道小莉正在这边等着他，也知道旁边有不少人经过，但是他全然不顾，就好像那里只有他一个人。

几分钟过去了，顾客终于与电话那头的人聊完了，于是快步走向小莉，一边装好手机，一边感慨地对小莉说：“十多年没见的发小，今天终于有了消息，很难得啊！”

小莉应和着，说：“恭喜您，又了却了一件搁在心里很久的事情。其实我们都一样啊，像我们的同学，远的不说了，就像最近的大学同学，也有5年没见面了。曾经那么开心快乐地生活在一起4年，如今各奔东西想联系却一直联系不上。

这是一种惆怅，更是一种无奈啊。”顾客听着小莉的感慨，就像在轻轻地道出自己的心声，于是说：“是啊，连你们年轻人都有这种感慨，更别说我们了。”

正说着，他们已经走进了要看的房子。进到房子里后，小莉并没有像对待其他顾客那样，不断地向他做介绍，也没有说这套房子有多么好，只是简单地介绍了几句，就让顾客自己去看了。而她则静静地跟在顾客身后，应答着顾客提出的问题。因为小莉清楚，顾客是一位很有主见的人，如果他主观上喜欢这套房子，不用介绍，他也会购买，而且会主动提出一些问题；但如果他不喜欢，即便做再多的介绍也无济于事。因此，小莉除了回答了顾客几个问题外，就顺着顾客的意思和他聊起了刚才他那位发小的事。

看房结束后，顾客告诉小莉他感觉这套房子不错，但当时并没有买。一个月过后，这个顾客又来找小莉了，问她那套房子是否还在，当得到肯定回答后，他立即告诉小莉，他要以全款买下那套房子。

当小莉敏锐地判断出顾客的类型时，抓住了他对友人的怀念之情，让顾客感觉小莉与他是志趣相投的。为此，接下来的看房过程就在一种轻松、愉快的氛围中进行了。

从以上的例子可以看出，与开朗外向型的人交流沟通时，可以先跟他们多谈一些他们感兴趣的与产品无关的题外话，不要一开始就直奔目的。开朗外向的人更愿意与人交流，但是不喜欢一开始就着重谈目的性太强的话题，否则很容易让他们感觉无趣，会觉得你不通人情，太急功近利，从而产生一种心理：这人只为赚钱，一点儿都不把我当朋友。因此，他们就会对你产生反感。

与其他性格的人不同，开朗外向型的人更愿意与交谈对象达成一种轻松和美的关系，他们喜欢与人交朋友，同时更愿意从朋友手中买到他们中意的产品，而不愿意从一个冷漠又陌生的人手中买产品。

因此，与开朗外向型的人交往时，要懂得与他们交朋友，不要做作，也不要扭捏，大大方方地谈一些他们感兴趣的话题。如此才能在达到目的之前，首先赢得他们的心。沟通时千万不要带有强烈的目的性，否则只会引起他们的反感，让他们远离你。

完美性格，切不可驳他们脸面

完美型的人追求的是心目中的理想和完美，因而在现实中他们常常不遗余力地强调某件事应不应该做，应该怎么做或者不应该怎么做，这已经成为完美型的人对外沟通的典型模式，这一点是我们应该认识到的。

车尔尼雪夫斯基说："既然太阳上也有黑点，人世间的事情就更不可能没有缺陷。"完美型的人在沟通过程中常常过于关注黑点而忽略黑点周围的光芒，这样的沟通模式常常会让周围的人感觉到压力，甚至选择逃避和离开他们。

我们要清楚这种沟通模式背后的特点，虽然他们常常提出很多的"应该"及"不应该"，但他们的怒气常常是针对某件具体的事情而言的，并没有完全否定另外一个人，这样在受到完美型挑剔的时候，我们就能够很好地容忍和理解完美型的过度挑剔了。

小艾是一家广告公司的设计师，她做这行有4年了，在设计方面的水平非常高，每次她设计的作品，客户都会很满意。

但这一次，小艾遇到了大麻烦，因为她这次的客户是一个完美型的人。这次是为一款饮料设计广告，小艾为这个客户出了三个广告方案，但都被这位完美型的客户驳回了，觉得她的设计不够完美，让她再想想、再改改。小艾找来了同事和自己的领导来看自己来来回回修改的设计方案，大家都觉得非常棒、非常有创意。但当她一次次把最新创意的设计方案交给这位客户时，得到的回答还是不够完美，还可以做得更好，再改改。

在小艾实在想不出什么更好的方案后，她觉得不能再这样一次次修改，一次次发给这位完美型的客户让对方提意见了，如果一直这样的话，她的设计方案永远也不会有通过的那一天。

于是，小艾拨通了这位完美型客户的电话，说道："李总，不好意思给您打电话。很感谢您每次都为我的设计方案提出一些更好的建议，也很抱歉我的方案现在也没有让您感到满意。所以，我想再具体咨询一下您对这个作品的具体意见，如果您是我，您会怎么改进这个设计方案呢？"

这位客户听了小艾的话后，迟疑了一下，然后对小艾说道："请给我一天的时间，我考虑一下，然后结合你这个作品给出要求。"

"好的。非常感谢。"一天的时间很快就过去了，当第二天小艾再次给客户打电话，咨询他对作品具体的改进要求时，这位客户也不知道该如何改进设计了，最后接受了小艾最终的这个设计方案。

小艾和这位完美型客户的沟通方式就很好，小艾一开始在电话中对这位完美型客户的意见表示了感谢，而没有说他不懂装懂，给了完美型客户面子。然后又让完美型客户给出更具体的意见，让这位客户换位思考一下。最后，当这位客户没办法对设计方案提出更多具体要求时，也就知道了这个设计方案是多么出色，最后接受了这个设计方案。

完美型的人注重完美，关注自己心目中的标准和周围事物的差异．他们难以忍受周围的事物不够完美。一方面，他们的严谨和认真会让事物的运行朝着更加美好的方向发展，但另一方面，他们也可能给周围的人带来很大的压力。

在我们的生活中有着各种类型的人，也许你会不喜欢，但你永远不能去躲避完美类型的人，所以我们要懂得如何去和他们交往。

不要同完美者说假话或玩弄权术。完美者很反感说假话或玩弄权术的人，他们极其讨厌自己被人利用，所以当和他们相处的时候，千万不要拐弯抹角，这会让他们感到反感，要直截了当地说出自己的想法。更不要认为自己多么聪明，敏感的他们会找出你的漏洞的。

完美者是一个对外界有极强的敏感能力，对自己却很生疏的人。所以，当你需要从他那了解一些东西的时候，或者他们做错的时候，你不要用批评的语气去指责他们，而要帮助他们去改变想法，这样会有助于你得到想要的结果。

与他们相处，往往会出现这样的情况，当你对某件事情很满意的时候，他们会突然发怒。这时，很多人会以为他们的发怒对象全是自己，这种想法十有八九是错误的，因为他们表现出来的怒气可能在他的心中积蓄了好多天，此时的某种感觉才将其引燃。他们愤怒的对象有时是与你和他之间毫无关系的事，甚至连他们自己也说不清楚怒气从何而来。

因为他们对所有事的完美程度相当看重，所以对自己的过错不肯原谅，严重时精神会垮掉。基于此，当发现他们陷入极度困苦之中时，一定要引导他们向外看，帮助他们分析自己的问题。人犯错误是在所难免的，错误和挫折实际是走向美好的阶梯。要让他们认清自己，使其看到希望。

当你在和完美者说话时，发现他们并不倾听你所述说的话，这时你要主动请完美者表达自己的想法。千万不能用批评的话语去指责他，否则可能会导致难以预料的矛盾。

完美者喜欢遵循一切有逻辑的东西，他们不喜欢别人随意的态度。所以当你和他们去研究问题或探讨一些事情的时候，一定要懂得遵循逻辑，讲出的话必须有理有据，经得起推敲，这样你的目的才能达成。

当我们在意见上和完美者发生分歧时，一定要注意，千万不能针尖对麦芒地和他们争辩，因为完美者总是将自己的思想固守在一定的范围内，在他们心中，自己所坚守的东西都是完全正确的，是不容置疑的。所以，这个时候我们就要去引导完美者赞美我们的看法；如果这件事确实是我们做错了，那么我们需要对完美者坦然承认错误，因为这样比辩解更容易赢得他们的信任。

完美者常常会为了坚持自己固有的思想而不愿意低头，哪怕这个原则是错误的，他们也不愿意放弃自己所坚守的原则。所以，在我们想要去指出他们的错误之前，一定先要批评自己，这样会让完美者感到自己在面子上得到满足，从而更容易接受你的意见。

傲慢类型，做一个谦虚的请教者

与人沟通时，遇到的对方性格各不相同，形形色色、五花八门，最让人头疼的有一种沟通对象——傲慢型。有时，看着他那个鼻孔朝天、爱理不理的样子，看着他不仅不爱搭理你还连带鄙视了你的表情，谁都会特别难受，深感受挫折。

生气归生气，但生活或工作中，还是会经常遇到这样的人，而迫于各种原因，又不得不和他们沟通，在这种时候，我们就要学会先让自己冷静，然后放低自己的姿态。既然他们傲慢，那我们虚心一些又有何妨?

和傲慢类型的人沟通前，得先了解他们傲慢背后的心理特征。

一般来讲，傲慢型的人有典型的矛盾心理：

一方面，他们喜欢贬低别人抬高自己，通常以看不起别人、比别人高等来抬高自己，获得情感和心理上的满足。他们对自己的某些优点其实很在乎，希望引起他人的注意，渴望别人给予很高的评价。

另一方面，他们自我保护意识很强，善于隐藏自己的缺点，不愿意别人看清和谈论自己的缺点，害怕自己受伤害，不得不用冷漠的方式进行自我保护，达到不让人靠近的目的。

在接触傲慢型的人过程中，要始终保持谦虚谨慎，说话必须时刻注意，多说他们的优点，不要谈论其缺点。当然，说话谨慎是远远不够的，是无法换取这类人信赖的。

对付傲慢型的人的一个秘诀是，利用其好为人师的心理。傲慢型的人，在他们内心深处，希望别人称他为“老师”，给他教导别人的机会。

小张是一家暖气材料制造公司的销售员。在他负责的区域内，有一个暖气材料经销商李总的业务做得非常好。可是，李总是一个不太和善的人，对陌生销售员尤其反感。小张多次拜访都吃了闭门羹，双方一直没能达成合作。

这天，小张又一次敲响了李总的办公室门。小张刚一露面，李总就咆哮着说：“我们手里的产品已经够多了，不需要再增加了，你不要浪费彼此的时间了！”

小张没有被他的咆哮吓走，而是摆出一副虚心求教的样子。

“李总，我知道你在当地生意圈是这个，”小张边说边竖起大拇指，“今天我不是来推销东西的，是想跟前辈请教一个问题。”

小张看李总没有打断他的话，便继续说：“我们公司想在东南边开一家新工厂，我们初来乍到，不了解当地市场情况，您能不能给个建议呢？”

“哦。”李总虽然没有说太多话，但很明显，他的注意力已经被吸引了。

小张顺势坐了下来，简单介绍了公司开拓当地市场的计划。李总很痛快地针对他的计划提出了几条建议，比如，具体地理位置、储备材料方案、加工制造特色等。

接着，李总又讲到了他在这个行业摸爬滚打的经历，后来，又讲到了他自己如何平衡工作和生活问题，最后，话题转到了私人话题上——两人就孩子教育、夫妻关系处理进行了沟通。

两个小时后，小张离开了张总的办公室，口袋里装着双方的合作合同和写着两人私下进行家庭约会时间和地址的便条。

李总在当地市场做得很好，说明他并不是一个难以接近的人——他只是对陌生销售员有本能的抵触。通过“虚心请教”，小张把两人的关系从推销与被推销的关系转化成“商界前辈”与“市场新手”的关系，而后一种关系成功地消除了其戒心，更容易打动他。

不难看出，无论对方有着多高的成就，脾气是多么的古怪，很多时候，只要你虚心地讨教一番，做毕恭毕敬状，他便会耐心地向你传授其中的奥秘。傲慢的人都很享受居高临下的感觉，作为普通人，没有太高的权力和太大的名声，怎么才能形成“居高临下”的优势？好为人师。因此，要懂得这类人的这种心理，在与他们沟通时，一定要想方设法给对方“当老师”的机会，让对方无法拒绝你的接近。

犹豫类型，表达时拿出更多的耐心

犹豫不决型的人通常行动缓慢、做事谨慎、优柔寡断，他们无论在与人沟通时还是在购买商品的过程中都慢条斯理、小心翼翼，生怕自己吃亏，其说话的速度和反应也会比较慢。也许是因为他们对自己不自信，觉得对沟通的对象不了解，或者对要购买的产品经验不足，对产品不够熟悉，所以，在与人沟通或者是购买产品的过程中会对对方察言观色。他们沟通时会非常谨慎，不会放过与他交谈对象的一丝细节，对与他沟通的对象所说的每一句话都会认真地琢磨、思考，只要有一点不清楚的地方，他们都会提出来，生怕稍有疏忽就上当受骗。当他们将所有问题搞清楚之后，才愿意下定决心。

对待这类人，与他们沟通需要拿出十二分的耐心，针对其顾虑，从产品的价格、性能、作用、使用方法以及顾客自身状况等方面入手，多角度反复说明，而且要有理有据，增加说服力。

犹豫型的人往往比较消极，无论是在聊天还是在购买商品时，意图都不是太明确。这类人所做的决定，与沟通对象的行为态度有极大关系。若是你与他沟通积极，他就会以你的意愿为转移，从而听从你的决定。但若是在购物时，对待这种顾客，不要表现得太积极，以免让其感觉紧张。

有一位大妈来到超市的糕点区挑选面包。超市糕点区每天都会有新做出来的种类，大妈看到各种各样的面包，不知道该选择哪一种。拿起这个看看，又拿起另一个对比一下，每看一种，就问销售员，这个价格多少、什么口味的。销售员看到大妈犹豫不决，便不耐烦地说道："其实都差不多啦，都是面包而已，你随便买几个回去尝尝就知道好不好吃了。"大妈听到销售员这不耐烦的态度后，放下面包，转身离开了。

这位大妈在购买面包时，总是把几种不同的面包都拿出来比较一下，就算相同的价格、相同的口味，也要反复多看几遍，这就属于典型的犹豫型的人。店员在接待这类顾客时，应该耐心、周到。可以主动拿出几种面包请顾客自行比较、选择，关键时候给予其意见，以满足他们的购买欲求。店员不该不耐烦地说"差不多"或者"没什么好比较的"等让顾客不满的话。

在销售过程中会遇到很多不同类型的顾客，而让销售员最头疼的顾客之一就是犹豫不决型的顾客：有时候，销售员苦口婆心地说了很长时间，但是，顾客还是拿不定主意，销售员的辛苦付出没有得到应有的回报。

李娜是某保险公司的推销员。有一次，她在推销产品的时候，遇到了一位犹豫不决的顾客。

李娜："您好！非常高兴认识您！实在是太巧了，您准备买的保险和我自己上的保险完全一样。"

顾客："真的吗？太巧了。你们内部人员也买自己的险种？"

李娜："当然啦，险种好，我们自己也会购买。虽然我们是保险公司的人，但也会遇到各种风险呀！"

顾客："实际上，这个险种已经有好几个业务员给我介绍过了，但是我一直不太明白，所以，就没有关心过。”

李娜：“那我再和您说一下吧。要是您满意的话，再考虑购买。”

顾客：“是不是这个险种我只要买5份，到期就会给我5万元？故后会不会依然有5万元？”

李娜：“不是这样。这个险种实际上是一个定期生死两全保险，不过我们有期限，假如缴费期20年后被保险人依然健在，就能够获得5万元，而且，还会有一定额度的红利。而如果您在20年中不幸身故，保险公司同样会赔付5万元。”

顾客：“如果我买了5份，每一份是503元，也就是说每年就得缴2515元，20年后我就缴了50300元，但是，最后我只拿了5万元，这不是亏了吗？”

李娜：“按上面这个数字算的话，确实不是很合算。但是，您仔细想想，一旦买了这个保险，那么您就已经有了一份5万元的保障，这个时候，实际上您只是花了15元钱买了最便宜的附加定期寿险呢！”

顾客：“那‘附加定期’又是什么意思呢？”

李娜：“也就是说，在一定的时间段内，比如20年，被保险人如果发生了什么意外的话，保险公司依然会按照额度赔付。假如您买了5份，就可以获得5万元的保障。这比我们公司现在的附加幸福定期寿险、附加意外伤害险还要划算呢。”

顾客：“按你这么算，我还真没有吃亏。可是，买了这个主险之后，我是不是还能够买其他的险种呢？”

李娜：“当然啦！您甚至可以享受到我们的住院费用以及住院安心补贴！”

顾客：“可是，你们公司相较于其他公司的缴费要更高啊！”

李娜：“您也许没有发现，别的公司在保额上和我们是不一样的，您在我们这里买的险种可以享受更大、更多、更全面的保障。”

顾客："假如我买了这一年期的险种，要是我不出险，不就亏了？"

李娜："确实是这样。这就是我们平常所说的花钱买平安。您买了保险是希望给自己带来一份保障。没有人希望出事，我也希望您最后平平安安地拿红利，不过，有一道保障总比没有要好得多。"

顾客："说得有道理，但我目前身体很好，等以后再说吧！"

李娜："行。不过，还是请您慎重考虑一下，不要后悔！我们的险种是有时间限制的，过一段时间可能就取消了。"

顾客："这样啊，那就买了吧！"

就这样，在李娜耐心的讲解下，犹豫不决的顾客终于下了订单。

犹豫不决型的顾客十分需要销售员给他们提供建议。他们通常拿不定主意，不知道该怎么选择，这个时候就需要他人替他们拿主意。因此，销售员要把握好这一机会，成为顾客信任的人，帮助其做出决定而生成订单。

顾客购买东西时，难免会表现出犹豫不决、左右为难的样子，这时该如何应对呢?

1.直接成交法

营销人员可以向顾客主动提出成交的要求。使用直接成交法的时机是，顾客对推销的产品有好感，也流露出购买的意向，发出购买信号，只是一时拿不定主意，或不愿主动提出成交要求。

2.假定成交法

营销人员在假定顾客已经接受销售建议，同意购买的基础上，通过提出一些具体的成交问题，直接要求顾客购买商品。例如："张小姐您看，这套护肤品您还能和您的妈妈、姐姐一起用，我们这款产品没有年龄界限，功效也很明显。"

3.选择成交法

直接向顾客提出若干购买的方案，并要求顾客选择一种购买。例如：“这套产品，您要一套还是两套？”“我们周二见还是周三见？”营销人员所提供的选项应让顾客从中做出一种肯定的回答，而不要给顾客拒绝的机会。

4.保证成交法

营销人员直接向顾客提出成交保证，使顾客立即成交。例如：“您放心，保证好用，您家楼上就有好几户人家用我们的产品。”产品的单价过高，或者顾客对此种产品并不十分了解时，营销人员应该向顾客提出保证，以增强其信心。

虚荣心强的人，表达时尽量多去赞美

在日常生活中，我们经常会遇到一种人，这类人虚荣心很强，与人交谈时总喜欢显摆。这类人非常看重品牌，他们甚至不会关心商品的实际用途，经常会将名牌商品挂在嘴边，以此来炫耀自己。这类虚荣的人实际上很容易沟通，只需要在回话时多称赞他们的眼光和品位，就能赢得他们的好感。

有一天，在百货公司一家卖高档包工作的小王看到一位贵妇走进店里。她看到这位贵妇戴着镶嵌了一颗大钻石的戒指，还总是故意亮出钻戒。这个时候，小王趁势惊奇地问道："哇，您这枚钻戒多少钱？"

"没多少钱，"贵妇笑眯眯地说，"只有70万元而已。"

听到"70万元"，小王暗自庆幸，本来她是想问对方："您这枚钻戒要十多万吧？"还好没有说出来，否则，一定会惹恼这位贵妇。

这时，小王又看到贵妇的手腕上戴了一只玉镯，就问道："您手上的玉镯多少钱？"

"这个比较便宜，才20万元。"她说。

"我什么时候才可以拥有这些珠宝，"小王故意叹了口气，接着说，"不过，就算是我戴上，别人一定也会认为是假的。"

此时，贵妇早已心花怒放，小王继续说："看您的穿着和打扮，既时尚又高贵，您这样身份的人，再加上一个我们品牌的包包，就显得更加完美了。”

这位贵妇听到小王对她如此的吹捧，再加上这个品牌的包确实很时尚，结果可想而知，这位贵妇一次性买了两个。

每个人都会有一点虚荣心，有的人爱慕虚荣，主要是表现在对待孩子的学业上，而有的人则体现在追求他人的赞美上。不管是哪一类型的人，回话时多满足他们的虚荣心，对他们多加奉承和赞美，这是取得对方信任的最佳方式。

有一位身材高挑的女子来到一家服装店买衣服。她试了很多衣服，但是依然觉得没有合适的。看到这位女子不断地叹气，经验丰富的老板发现了其中的原因。原来是女子的身体没有挺直的原因。老板走到女子的身边说：“您的身材这么好，穿什么衣服都好看，不如试试这件吧，一定非常适合您。”一边说，老板一边递给她一条裙子。

听了老板的赞美，女子心里很高兴，于是到试衣间里换上了那条裙子。她在镜子前直起身仔细打量了一番，发现自己的身材配上这条裙子很好看。

老板接着说：“真是太漂亮了，没想到您穿上这条裙子这么好看。”女子看了看镜中的自己，露出了满意的笑容。

赞美是非常奇妙的一种东西，有时候会影响一个人的决定。有一位美国商人在谈生意的时候有一个重要的诀窍：谈论对方最引以为荣的事情。聪明的销售员会想方设法找到顾客的心理需求，发现顾客引以为傲的东西，然后当面赞美他。

或许你也有过被人赞美的体验，虽然你明知道是他人的奉承话，但是，心里依旧会很舒服，这是因为每个人都有一种被他人赞美和肯定的心理需求。也就是说，一个人受到别人的赞美，就不会感到厌恶，除非对方赞美得太离谱、太夸张。所以说，赞美和奉承是回话必须懂得的技巧。

事实上，奉承话说得越得体，越容易赢得对方的好感，获得他们的信任。不过，要注意赞美的时候语气要真诚，表现出一种诚实的态度。赞美要符合对方对自身的心理期待，才能令人产生愉悦感。赞美和奉承的时候，一定不要讲出与事实相差十万八千里的话。比如，你看到一位表情呆滞的孩子时，却对他的母亲说："你的小孩非常聪明！"对方一定会认为你是在讽刺她。如果你改变一种说法，比如，"你的小孩看起来很健康"，效果就会更好一些。

总之，面对虚荣的人时，一定要赞美和奉承他们，但是，所说的赞美和奉承的话要发自内心，要真诚。这样一来，你夸赞的话就会让他们高兴，进而让他们对你产生好感。

第四章

读懂身体语言，了解对方想法，表达才会直抵人心

眼睛是心灵的窗户，能表达出对方真实的想法

有句话说得好，“眼睛比嘴巴更会说真话”。我们不仅能从眼中看到纷繁美丽的世界，还能窥探到他人的内心。不管对方心里打什么小算盘，总是可以从眼神中透露出来的。朋友们，眼睛是心灵的窗户，想要猜透对方的心思，那你就要懂得眼睛里的秘密。

两个人是面对面地谈话，那么，不可避免地，彼此都会有视线的交流与接触。一般而言，在西方，人们会一直盯着对方的眼睛说话。但对于一向传统内敛的中国人来说，大多数人会在交谈的时候，时而四目相对，时而转移视线。在交谈过程中，双方都会去注意配合对方的气息做出下意识的动作，两个人的视线会相碰，偶尔也会躲闪。比如，当对手所说的话令自己很想要表达自己观点与意见的时候，在那一瞬间，便会直视对手的眼睛。对于他人所说的话，不管自己是同意还是反对的时候，如果觉得很有必要将信息传达给对方，那么，一般都是通过视线来传达。如此看来，在交谈过程中，对手的视线其实隐藏着其道不出的微妙心理。

谈判桌上，双方谈判已经进入最后阶段，但始终围绕着交货的时间点在讨论。李先生直视着对手的眼睛，说道：“由于我们公司目前的状况，必须在第四季度全部交货，这样才能保证我们公司的正常营运。”对手的视线马上移开了，似乎正在思考该怎么来回应这个问题，不一会儿，他抬头看了李先生一眼，马上又移开了视线，说道："李先生，我知道你们公司的状况，可是，在第四季度交货，确实有些困难。"说完，视线由下而上，与李先生视线交汇，继续说："我希望李先生能够再宽限一些日子，这样的话，我们会加班加点，如期交货。"

李先生感觉到对手想拖延交货的日期，但又不想失去这笔业务。了解了对手的心理之后，李先生直视谈判对手，做了最后的警告："从情况来看，你们在第四季度中交货确实存在一些困难，但如果你们不能交货，我们工厂的部分车间就会停工待料，造成生产上的损失。这样，我们不得不放弃与你们交易的打算。"对手低下了头，一会儿，迎头接上了李先生视线，咬牙说："好，在第四季度，我们会如期交货。"

在几番的视线躲闪与接触中，李先生识破了对手的微妙心理：很想拖延交货的日期，同时，又不想失去这一笔交易。而后者才是谈判的重点，于是，李先生毫不妥协，坚持第四季度交货。果然，两次催促下来，对手不得不答应了李先生提出的要求。

对谈判者来说，能够观察出对方眼神里反映的心理变化，是达到目的的最好办法。眼神能反映一个人的心灵，心灵是眼神之源。就算是人的眼神转瞬即逝，我们也可以从中观察到很多信息，看到对方丰富的情感和意向，从而掌握他们内心深处的秘密。眼球的转动，眼皮的张合，视线的转移速度和方向，以及眼睛与头部动作的配合，这些动作都在不断地传递着信息。所以，在同对方交谈的过程中，一定要从对方的眼睛里找到有用的信息。

三国时期，魏国曾派一名刺客到蜀国刘备那里，想借机将刘备除掉。这个人来到刘备这里后，并没有立即下手。因为他知道如果太过莽撞的话，很可能难以得手，毕竟刘备手下能征善战的勇士很多，身边又有很多护卫。所以，他第一步要骗取刘备的信任。如果能借机接近刘备，那么这次行刺的计划就能很顺利地完成。为了博取刘备的信任，此人假装和刘备探讨当今天下局势。说到蜀国的未来，他向刘备献计，告知自己的想法，这般如此地说了一大通。因为此人来自魏国，所以对魏国的情形比较了解，所讲的内容多数中肯，刘备听了觉得很有一番道理，于是也慢慢地靠近了这名刺客，就在该刺客觉得时机将要成熟的时候，诸葛亮走了进来。此人一看诸葛亮走进来，就借故离开了大厅。此人离开大厅后，刘备就很高兴地对诸葛亮说："这个人对我们消灭曹魏将起到很关键的作用，刚刚听他的分析，对魏国的军事、国情都非常了解，分析问题也是鞭辟入里，如果将他笼络到自己帐下，那大事就不愁了。"诸葛亮笑着对刘备说："不然，我看此人并非实意。他一见我进来，就和先前的泰然自若截然相反，畏畏缩缩，慌慌张张，而且眼角低垂，流露出很明显的忤逆神态，一看就知道必定是个奸邪小人，有可能是一名刺客。"诸葛亮平日里料事如神，刘备对他也是言听计从，听他这么一分析，赶紧派人去寻。哪知此人已经逃跑。

"眼睛是心灵的窗户"，通过观察一个人的眼神，就可以把一个人的内心看得清清楚楚。一个人的眼神，在一定程度上可以反映他的性格。要想知道一个人是邪恶还是正直，再也没有比观察眼睛更直接、更快速、更准确的方法了。眼神很难掩饰，是善是恶，很容易看出来。

深层心理中的欲望和感情，首先反映在视线上，视线的移动方向、集中程度等都表达了不同的心理状态。观察视线的变化，有助于人与人之间的交流。爬上窗台就不难看清屋中的情形，读懂人的眼色便可知晓人们的内心。

眼神是交流信息的一个渠道，如果你不能通过眼神传达或接收思想，那你就很难灵活地与人交际。“眼睛是心灵的窗户”，与人交流，一定要多学习透过眼睛识人的技巧，这样你才能得知对方的真实思想，把话说得恰到好处。

挠头抓耳，泄露了心理的秘密

从心理学的角度来说，人在内心焦虑的时候会不由自主地表现出一些坐立不安的动作，这些动作可能是不停地挠头，也可能是不停地抓挠耳朵。

张震是一个善于观察的人，他总能从周围人的动作中解读出其中的意思。有一次，张震无意间发现背对着他的莉莉正在紧盯着自己的电脑，手不停地抓挠耳朵。于是，张震走上前去询问莉莉是否需要帮助。莉莉感到有些诧异，随后很高兴地说出了自己的需求。原来莉莉是一位新人，她对图像的处理还不够熟练，刚刚遇到了一个高难度的技术问题，自己想了很久也没想出解决方法，而这个问题在公司元老张震眼中不算什么，所以很快张震就帮她解决了。

张震只是看了莉莉一眼，怎么就知道莉莉遇到困难了呢？没错，就是莉莉不停抓挠耳朵的小动作泄露了她的内心。

人们在紧张、焦虑、不自信或考虑问题等多种时候都会不自觉地摸耳朵，说谎时也会，就像挠头皮一样自然，也就是这些很自然的小动作泄露出了连自己都没有发现的秘密。正所谓“说者无心，听者有意；做者无心，看者有意”，透视心理的人往往善于通过观察一个人的小动作来解析其内心的真实想法。

李阳在某家公司做空调推销工作，最近他遇到了一个难题：在向某公司推销空调时，公司负责人把决定权交给了一名技术顾问——李老师。经过考察，李老师私下表示，两种品牌各有优缺点，但在语气上，似乎对竞争的那一家颇为欣赏，李阳知道问题出现了。于是，他准备进行最后的努力：唾沫横飞地辩解他所代理的产品如何的优秀，设计上如何的特殊，希望借此改变李老师的想法。但在他讲述的过程中，细心的他发现了李老师用手不停地抓耳朵的小动作。李阳明白，这个动作是不耐烦的表现，于是他赶紧改变谈话策略，说："李老师，真对不起，今天打扰您很久了，我只顾着说，也忘了问您是不是还有事？要不改天我再来拜访您？"听李阳这么一说，李老师立即停止了抓耳朵的动作，并且主动提出："那行，下周一下午我有时间，你再来我办公室谈吧。"

于是，李阳重整旗鼓，到了下周一再次拜访李老师。见了面，他一改自己的说话习惯，对李老师说："李老师，今天我来拜访您，绝不是来向您推销。过去我读过您的大作，上次跟老师谈过后，回家想想，觉得老师分析得很有道理。老师指出我们所代理的空调在设计上确实有些特征比不上别人。李老师，您在××公司担任顾问，这笔生意，我们遵照老师的指示，不做了！不过，李老师，我希望从这笔生意上学点经验……"李阳说话时一脸的诚恳。

李老师听后，心里舒畅但又很同情，于是说道："年轻人，振作点，其实你们的空调也不错，有些设计就很有特点。唉，我看连你们自己都搞不清楚，譬如说……"李老师谆谆教导，李阳洗耳恭听。让人意外的是，这次谈话之后没过多久，生意竟然成交了。

一般而言，抓挠的动作都表示内心的焦虑不安，挠耳朵亦有这个含义，经常会在某种紧急情况下出现，如当考生在考试时间即将结束的前夕，就经常会做出这个动作，显示了他内心的紧张和不安。因此，面对这种情况，我们应该懂得从中窥探出对方的心理，及时给予帮助，或者是灵活转变当下的交谈策略，这样才能做好接下来的交流工作。

那么，挠耳朵到底能看出对方什么样的情绪呢？其实，很多时候，有些人在思考问题时总是下意识地摸摸自己的耳朵。摸耳朵这个动作代表的意思是“我正在想”，不过这是一种因为不同意你的观点而引发的思考。另外，我们在生活中经常看到，很多人在去到人多的地方，比如进入会场时，也会有挠耳朵的动作，这个动作就表明了他的内心很不安，处于紧张的情绪中。而当一个人用大拇指和食指不断地揉自己的耳朵时，那就表明了他对于这个话题不感兴趣，是心理上的一种抗拒的表现。通常情况下，在这样揉耳朵的同时，还会把脸转向另外一侧。当倾听者有了这个动作的时候，说话者就应该读懂对方的肢体语言，及时改变话题，以免让接下来的交谈陷入尴尬的状态。

习惯性的小动作，最容易出卖自己

每个人都会有些与众不同的习惯性小动作，这种小动作被形象地称为“身体语言”。比如，有人喜欢挠耳朵，有人喜欢咬嘴唇，有人喜欢摸肚子，有人喜欢皱眉头……或许大家觉得这些只是一些生理习惯而已，其实你真的小瞧了这些习惯，因为这些小习惯里面暗藏着很多的心理秘密。你可以通过习惯动作窥探到对方的心理，同样，稍不留神，你的习惯动作也会向他人“透露”你的心理状态。

浩宇现在是越来越崇拜自己的妻子乐乐了，因为，他发现每次他撒谎的时候，乐乐总能看出来。

一个礼拜五的下午，浩宇想起来好久没有跟一帮哥们儿聚了，就打了电话给乐乐说他晚上要加班。乐乐答应了，叮嘱他不要工作得太晚。

浩宇这可高兴坏了，赶紧打电话找了四五个朋友去喝茶打麻将了。这个晚上过得可真开心，没人唠叨，没人不让抽烟，没人拖着你跟她一起看无聊的肥皂剧。为了到家好跟乐乐交代，浩宇咬咬牙一口酒也没喝。

差不多11点，浩宇准备走了。走的时候还专门检查了一下身上有没有什么蛛丝马迹，彻底检查完了之后，浩宇进家门了。乐乐已经睡了，他也就赶快睡觉了。浩宇想，乐乐还挺好骗的，下次还用这招。

第二天早上吃早饭的时候，乐乐问："昨晚累坏了吧，工作都忙完了吧，不管多忙你可得注意好身体，别太硬撑了，加班的时候注意吃饭。"

浩宇说："是啊，最近公司事太多了，累得我够呛。"

乐乐忽然笑了，说："老实交代吧，昨天晚上到底去哪鬼混了，还想骗我？"

"哪有，我就是加班啊，你不信问我同事，真的，没骗你啊。"

"好，可以，我这就给你公司同事打个电话问问。"

浩宇只好承认了："哎呀，让你问你还真问啊，我招还不行吗？不好意思啊老婆，我昨晚跟我那几个兄弟聚了聚，没加班，怕你不高兴才撒谎的。"

事情败露的浩宇闷闷地吃着饭，他知道自己今天一天只能靠陪乐乐逛街"赎罪"了，不过心里还是直犯嘀咕：女人的直觉可真准啊！

乐乐看着浩宇疑惑的表情，偷偷笑了，其实她一点都不知道昨天浩宇骗她了，不过在今天早上随口问他的时候，浩宇摸了好多下鼻子，这才让乐乐起了疑心。因为浩宇一紧张，他的小动作就是摸鼻子。

在与人交谈时，一些不经意的小动作可能会毁了我们的形象。这些小动作平时看起来似乎无所谓，但是在关键时刻就会成为致命的"杀手"。因此，千万不可小看这些不起眼的小动作。

小刘是某广告公司的销售员。一次，他去拜访某公司的张总。在办公室里，对方热情地接待了他，随后两人开始交谈。

在聊天中，小刘的双腿总是不停地抖动，这让张总感觉极不舒服。当时，张总的注意力全部集中到了小刘抖动的双腿上，根本没有听到他说的话。等他说完了，张总一脸茫然。张总抱歉地笑了笑，说：“你能再说一遍吗？我刚才没有听清楚。”

于是，小刘又讲了一遍。这次，张总集中注意力听小刘说。小刘说话的时候总是带着口头禅“以后”，说一句话一个“以后”，说两句话又一个“以后”，张总的注意力又被“以后”所吸引。等他讲完第二遍的时候，张总依然没有弄明白他在说什么。

最后，张总委婉地告诉小刘：“你的产品我了解了，回头我联系你吧。”从那之后，小刘再也没有见过张总，合作的事情也就不了了之了。

在生活和工作中，要尽量避免各种不良习惯，一旦发现，要尽早改正，以免影响你的人脉和正常的人际交往。

俗话说“习惯成自然”，平日里不注意自己的言行，觉得说一句不合适的话，或者是做一件不合适的事情也没有什么，每次都有这样的心理，时间久了，就会形成习惯。这些不好的习惯会在不经意间蹦出来，或是因为条件反射而显现出来，让你陷入尴尬境地。要想让这些下意识的小动作不粘在自己身上，就要养成良好的生活习惯，不找借口，坚决杜绝。比如，说脏话，有的人觉得说一次没什么，说两次也没什么，可是渐渐就发现，自己竟然养成了随口说脏话的毛病了。试想，当你在关键时候，冷不丁冒出一句脏话来，别人会怎么看你？你的形象能不受损吗？所以，要养成良好的生活习惯，就要“勿以恶小而为之”，防微杜渐。

双臂抱胸，表达了对方拒绝的姿态

我们用语言表达内心的想法，难免会有言不由衷的时候，可是身体从不撒谎，它比语言信息更加诚实可靠。所以，通过肢体语言判断一个人的内心活动要比听他说的话还要有效。比如，当有人将双臂交叉抱于胸前，很明显，说明他主动与外界之间筑起了一道屏障，将自己不喜欢的人或物全部挡在了外边。看到这样的动作，我们只有一种感觉：他不会轻易地走出自己的世界，而你也很难融入其中。假如我们看到朋友摆出这样的姿态，不要贸然地上前打扰，或者装作自来熟的样子去交谈，要理解对方的防备心理，不要给对方增加压力，应一步步试探着慢慢地让对方感受到我们的善意，试着让对方接受我们。

曾经有人做过这样一个实验：他们随机邀请了若干位志愿者，这些志愿者之间互不相识，也没有过任何交集，每个人都是第一次见面，完全陌生。实验者将志愿者分成两个小组，要求他们各自围坐在一起。

第一组志愿者，实验者要求他们的身体尽可能地放松，不要太拘束，尽量放下警惕心，坐在椅子上不要乱动；第二组志愿者，实验者要求他们全部双臂交叉抱于胸前，并且不能放松。

实验开始之后，实验者要求两组志愿者开始相互交流，结果发现，第一组志愿者能够很快地热络起来，没多久便了解了彼此的信息，并热情地聊起来，好像多年未见的朋友一样。而第二组志愿者的情况却让人失落，他们表现得生疏、沉闷，大家有的看向一边，有的低着头，有的看向天花板，总之有点尴尬，更别说热络地聊天了，偶尔个别人挑起话题，也没有得到积极的回应，然后，大家也就都不说话了，直至实验结束，第二组志愿者还是感觉很陌生，甚至连旁边坐着的人的名字都不知道，更别说其他信息了。

研究结果表明，当人们双臂交叉抱于胸前时，会给人造成一种清高、孤傲，难以接近的感觉，这种感觉会令人望而却步，不敢上前主动攀谈。如果在重要的社交场合摆出这样的姿态，就会打消其他人上前交谈的欲望。

如果没有其他原因，单纯喜欢将双臂交叉抱于胸前的人，可能防卫心理比较重。他们在平时的社交活动中，喜欢独来独往，不会主动去凑热闹，对其他人的信任度也非常低，即使是面对熟悉的人，他们也不愿意敞开心扉，而是将所有的想法藏在心里，不让人发现。

双臂交叉抱于胸前除了表示对方不愿意交谈之外，有时还表示对方持有不同观点。也就是说，当人们对所听到的内容持否定或消极态度的时候，通常也会做出交叉双臂的动作。

一次，某公司的业务经理召开小组会议，针对下一季度的产品销售进行研讨，公司还专门请来了著名的销售专家为大家讲演。会议上，专家传授了很多相关的销售经验，并为下一季度的产品销售提出了参考性建议。

在专家发言的过程中，尤其是提出建议的时候，业务经理发现一个很有意思的现象：一部分原本坐得端端正正的小组成员，在专家发表意见的时候，双臂开始不由自主地离开桌面，然后交叉抱于胸前，眉头紧蹙，做出思考的样子。

会议结束之后，业务经理做总结报告时，询问在座的小组成员有什么感受，并表示希望大家积极发言，谈谈对专家提出的销售建议的看法。话音刚落，经理就发现，那些持有反对意见的人，正是在开会过程中，将双臂交叉抱于胸前的人。而那些表示认同的小组成员，要么把双臂放在桌面，要么把手放置在双腿之上。

由此可见，当人们对他人的观点持有不同的意见，但是碍于场合无法直接说出来的时候，他的身体就会不由自主地做出否定的姿态，比如双臂交叉抱于胸前。这是一个典型的否定动作，说明他们对他人的意见完全听不进去，或者拒绝倾听。

如果我们在和别人的交谈过程中，提出某些意见时，对方做出双臂交叉抱于胸前这样的举动，我们就要适时地停下来询问对方是否有不同的看法，而不是自顾自地继续发表讲演，无视对方的抗议，这样对双方的谈话没有任何好处。当我们搞清楚对方内心的疑惑之后，才能更好地继续接下来的交流，保证沟通的有效性。

除此之外，当双臂交叉抱于胸前时紧握拳头，说明对方内心十分焦虑，或许是因做了一些错事而心有不安，也可能心怀敌意；还有双臂交叉抱于胸前时双手置于腋下露出拇指，如果不是天气寒冷的缘故，那就说明对方非常自信，有一种优越感，做事严谨，把握十足。

双臂交叉抱于胸前这种动作在人与人交流的过程中很常见，而且几乎全世界对此的认知都一样：消极、否定或防御。在一些公共场合，如车站、餐厅、电梯等陌生人比较多的地方，很多人都会不由自主地将双臂交叉抱于胸前，这是人们感到不确定或不安全的时候做出的自然反应。

一个小小的动作，背后却有如此的深意，这也提醒我们要小心注意，不要只看脸上的笑容，还要随时关注肢体语言，因为那才是最真实的。

脚踝相扣，对方正在消极情绪中

双脚是身体中最诚实的部分。腿脚上的动作能够传达出人的各种内心信息，而在丰富的腿脚动作之中，脚踝相扣这个动作细节独具深意，能让我们窥探到对方的情绪变化。

脚踝相扣时，人们做出的具体动作因性别的不同而不同，当然，含义也是不同的。大多数男人做脚踝相扣的动作时，通常都会将双手紧握成拳置于膝盖上，也可能会牢牢抓住椅子的扶手，还可能摆出展示胯部的姿势。而女性在脚踝相扣时，通常会把双膝并拢，并且把两只脚置于身体的同一侧，双手并排或者是交叠着轻放在腿上。也就是说，男女脚踝相扣的动作的最大不同就是：男性双膝敞开，而女性则尽量并拢，将两腿之间的缝隙减少到最小。

事实上，当一个人在谈话中做出脚踝相扣的动作时，他的心里已经产生了“紧咬双唇”的潜意识。也就是说，这个脚踝相扣、紧咬双唇的动作和表情显示出此人正在努力压制自己某种消极情绪。通常这出于两种原因：要么就是对某事缺乏把握，要么就是恐慌害怕。与这个动作相对应的是沉默寡言的态度。相反，如果一个人对交谈非常投入，那么，他的双脚就不会脚踝相扣，而是会自然地伸向前方。

所以，在交谈中，当你要求谈话对象做出一项决定时，看到对方出现脚踝相扣这一动作，那么，十有八九对方做出的这个决定不会是你想要的结果。尤其是表白的时候，看到脚踝相扣的动作，那么表白成功的概率将会十分渺茫。

任伟对新来的同事王芳一见钟情，经常找借口来王芳的部门，找机会和王芳搭话。下班时，他也会专门等着王芳收拾好办公桌后，赶快起身离开，假装顺道，一起搭车。一来二去，王芳和任伟就熟悉了起来。

渐渐地，圣诞节快到了，任伟觉得是时候向王芳表达自己的爱慕之意了。于是，下班时，任伟约王芳共进晚餐，王芳同意了。来到餐厅点完餐后，任伟不停地为王芳倒水、夹菜，各种献殷勤。从王芳满意的笑容中，任伟感觉到自己表现得不错。

这时候，任伟觉得时机到了，悄悄从包里拿出一朵玫瑰花，深情地望着王芳，说道："也许你并不相信一见钟情，但是我信。其实从见到你的第一眼起，我就被你深深地吸引了。虽然我不一定是你最满意的那个人，但我一定会让你成为最幸福的那个人。"

王芳先是一惊，然后轻声说了声"谢谢"，把玫瑰花接了过来，然后就不再说话了。这时任伟也无所适从，不知道王芳的这声"谢谢"是接受还是委婉的拒绝。任伟不经意间，在桌子下伸了一下腿，没想到，不小心碰到了王芳的腿。两个人立刻收回了腿，相互尴尬地笑了笑。这时，任伟注意到，王芳脚踝相扣。看到这里，任伟内心一沉，知道这是女生抗拒或拒绝的一种表示。

任伟失落地又问了一句："是我哪里不够好，配不上你吗？"

王芳略感尴尬，说道："不是的。你很好，是我不够好，你配得上更好的。"

这种官方的拒绝让任伟也无可奈何，于是两人吃完饭就各自回了家。

有些人在面试的过程中，会经常出现脚踝相扣的动作。当面试者做出这个动作的时候，表明他正在尽力压制自己的某种情绪或是态度。在生活中，还有一个场合人们会经常看到脚踝相扣的动作，那就是在法庭。有调查表明，在等待法庭宣判的时候，被告做出脚踝相扣动作的概率是原告的三倍，原因是这一动作有助于控制自己的紧张情绪。

可见，通过观察各种场合下人们脚踝相扣的微动作，我们可以更好地了解对方的心理特征以及情绪变化，然后采用积极的方式对对方的情绪进行引导，使其由紧张转向放松。其中，尼伦伯格和卡莱罗发现，在政治谈判中，如果某位政要做出脚踝相扣的动作，那往往意味着他已经有了给以重大让步的打算，但仍然在竭力克制自己做出这一决定。他们指出，这个时候只要掌握恰当的提问技巧，很可能就会诱导这位政要松开自己的脚踝，并最终作出让步。

所以，恰当的提问技巧也可以有效地让一方松开自己相扣的脚踝，恢复到自然放松的状态。另外，走到谈话对象的身边，或者在谈话对象旁边坐下，也可以使他们感到放松，原因是两个人在相互交流的时候没有了其他障碍物，因而，气氛会更加随意，谈话对象也就可以慢慢平复紧张情绪，进而松开相扣的脚踝，整个谈话也会随之顺利地进行下去。

有些微笑，并非表面那么简单

笑容的力量是无穷无尽的，比如达·芬奇举世闻名的画作《蒙娜丽莎》，画像中蒙娜丽莎的神秘微笑，让人看后顿觉心情舒畅，对她产生好感。一个拥有无穷魅力的人，一定也是一个能时时展现出迷人笑容的人。此外，笑容也是一种传达内心情感的途径，如果你想深入了解对方，想明白他此时的心情如何，不妨试着从观察他的笑容入手。

李雷是一名推销员，主要从事健身设备这一块。有一次，李雷来到一个小区推销他的产品。到了第一个客户门前，他刚按响门铃，门还没打开，就听到一阵爽朗的笑声从门里传了出来："哈哈！谁敲门呢，好像有客人来了？"

主人打开门一看，发现是个陌生人，并没有觉得吃惊，而是微笑着问他有什么事。李雷做了一番自我介绍后，那位客户就一脸微笑地把他请进家门，并给他倒了一杯果汁。

喝完果汁后，李雷开始暗中观察这位客户。他发现这位客户身宽体胖，脸上总是挂着笑容，想起客户刚才那爽朗的笑声，李雷认为这是一个性格开朗乐观、热情好客的人，可以适当地跟他开开玩笑，如此一来，就可以打破谈话的僵局。

于是，李雷面带笑容地说道："大哥，我看您像是一尊佛，您的肚子里面肯定放了不少开心事，您一直笑哈哈的，一看就是大富大贵之人啊！”

客户听李雷这么一夸，马上拍着自己的肚子哈哈大笑起来：“哈哈，您真是过奖了，我怎么能跟佛相提并论呢，我确实是天天乐呵呵的，但是我的大肚子里装的却不是别的，是脂肪啊，哈哈哈。”

李雷见时机成熟，便趁机说道：“那也没关系，如果您信得过我，我可以帮您推荐一款健身器材，保证一段时间后您的多余脂肪就会被甩掉，您的身体会更强健，您的笑声也会更爽朗。”

李雷的一番话正合顾客的心意，谈到最后，那位客户果然同意购买一套适合自己的健身器材。

有的人习惯爽朗地笑，这说明他很可能有着十分乐观的性格，或一直生活得比较富足美满。所以通过观察分析一个人的笑容，我们也可以从中读出他的性格特征和心理变化。案例中，李雷就是通过观察客户的笑容揣摩到对方的心理的。

在所有的表情中，笑可以说是一种最受人欢迎、最美丽的表情。可是，我们应该注意，并不是所有的笑都是美好的、都代表着一个人的善意与舒心，有时候，笑传达的是一种负面心理，可以说只是一个表情而已。无须赘言，从我们平时所用的词汇就能明白，比如奸笑、坏笑、傻笑等，这些笑容肯定不是单纯表达喜悦的。所以大家应该留意，这样才能对对方的心情做出准确的判断。

通过坐姿，观察对方内心变化

很多时候，我们都是与人坐在那里交谈，且经常会遇到对方坐在那里默不作声的情况，一旦遇到这类人，尤其是在谈判桌上遇到这类谈判人员，很多人就不知道该怎么办了。其实，这个时候恰恰是一个好时机。因为，一个人的坐姿反映的不仅仅是人的性格特征，更多反映的是他们的心理变化。我们不但能够通过对方的声音与表情来推测其心理变化，通过坐姿也可以了解到人的心理活动。这个时候，只要我们多观察对方的坐姿，了解他们此刻的心理变化，对谈话和回话行为进行相应的调整，就能够轻松赢得谈判。这在与顾客的“交锋”中同样适用。

小孙是一位保险推销员。有一次，他去拜访约好的一位顾客。当小孙被顾客请进屋子后，顾客就坐在沙发上，直着身子认真听他对产品的描述。小孙在讲述的过程中发现顾客性格比较内向，非常拘谨。于是，他主动缓和气氛，讲了一些轻松的话题。很快，两个人的谈话变得自在多了，顾客也很自然地靠在了沙发背上。小孙发现了顾客的这一行为，又慢慢地讲到了一种新的保险业务，果然，顾客被吸引了过来。顾客的身体离开靠背，向前微倾，似乎是怕听不清楚一样。小孙知道，顾客这个时候已经有了购买的想法，于是及时劝说和鼓励，最后，顾客和小孙达成了交易。

善于掌握坐姿反映出的信息，并且能够积极地改变策略，迎合对方的心理变化，这样才能让交易顺利进行。

从对方的不同坐姿中，我们能够发现他们的某些心理特点、个性和态度。但是，在现实生活中，没有人保持一个坐姿不变，我们要学会随着交流的进展、心情的变化来改变回话策略，及时从对方的坐姿变化中看到他们的心理变化。

有的人坐下来后习惯将左腿搭在右腿上，将双手交叉放在大腿左侧或右侧。通常来说，有这种坐姿的人都是比较自信的，他们有自己的见解、主张，很难被说服。这样的人大都头脑聪明，具有一定的领导才能，但是，当他们位于高位时又会出现妄自尊大、得意忘形的表现。这个时候他们缺乏毅力、见异思迁，渴望到达更高的职位。如果遇到这样的客户，一定要不卑不亢、真诚坦率。

有的人坐下来的时候，他们的腿脚会规矩地靠拢在一起，双手交叉放在大腿的两侧。这类人思想保守、古板，不容易接受他人的意见。有的时候，虽然知道别人说的是对的，但是，他们依然会坚持自己的看法。这类人往往还是完美主义者，不管做什么事情都希望尽善尽美，但他们只喜欢挑剔其他人，对自己则没有太多的要求。他们爱幻想，不注重实际，不管做什么事情都无法长久坚持，缺乏耐心。如果遇到了这样的人，一定要留个心眼。

还有一部分人坐下来时习惯双膝分开，呈“八”字，双手放在膝盖上。有这样习惯的人通常都是女性。她们比较害羞、胆怯、不自信。这类人的感情比较细腻，但心胸往往太过狭隘。跟这类客户谈判的时候，可以通过幽默的方式来化解其紧张的情绪。

有的人坐下来的时候习惯二郎腿，右腿在上、左腿在下。这类人通常会给人平易近人的感觉，让人产生容易交谈的错觉。实际上，这类人往往不是爱摆架子、爱搭不理，就是表面上说得天花乱坠，而背后一点实事也不做。跟这样的客户打交道，要特别谨慎小心！

有的人习惯在坐的时候敞开双脚，两只手随意放置，没有固定的地方，这是开放式的坐姿。这类人的性格通常较为外向，说话、办事干净利索，不拘小节。他们有一定的领导风度，组织管理能力也较强，甚至还有支配欲。他们喜欢追求一些新奇的打破常规的东西，渴望引导都市潮流；他们容易被一些新的领域所吸引，不想按照前人的老观念、老方法做事，愿意去尝试新事物；他们目标远大，喜欢标新立异。跟这类顾客交流，很容易得到他们的信任。

有的人习惯侧身而坐。这类人通常比较乐观，他们生活积极向上，自信大方，不拘小节。他们大部分都是精明能干的人，很招人喜欢，然而，他们往往缺乏耐心。跟这类客户谈判的时候，最好言简意赅，不要惹人烦。

那些习惯将身体蜷缩在一起、双手夹在大腿中间坐的人，通常都有自卑感，他们不够自信。跟这类客户谈判的时候，如果他认同你的看法，不如大胆地帮他做决定。

还有的人，坐在椅子上摇摆不定，不能安稳，那说明他可能有心事，其内心十分焦躁；有时候他们会对你的谈话不在意，不愿意听下去，面对这样的客户，不如先退出，过后再找个时间沟通。

要想做一个懂回话技术的高手，一定要懂得从对方的坐姿中找到有价值的信息，从而为自己的交谈工作提供帮助。只有了解了对方坐姿所反映出的心理变化，我们才能更好地制定出回话内容和策略，从而增加回话的质量。

第五章

听话听音，从语气中得知对方真正想表达之意

从对方的语言中，捕捉到弦外之音

在接话之前，我们需要先听人说话。而听人说话，不仅要听懂字面的意思，还要听出对方的弦外之音。这是一种较高的倾听境界，而这也往往是最不容易做到的一点。尤其在重要的场合中，有些人喜欢把自己的真实想法隐藏在语言中，如果你不仔细推敲，认真研究，就很难发现对方话里的话。不明白他到底想要表达什么意思，那你又要如何接话呢？

因此，在接话之前，我们一定要先学会“听”，要懂得从对方的言辞中捕捉他的弦外之音，进一步了解对方。在了解对方的基础上才能用准确的言辞接话，从而让沟通朝着自己理想中的方向发展。

但是想要捕捉对方话里的弦外之音并不容易，例如，如果听不出对方的赞美之词是发自内心的肺腑之言，还是仅仅只是用来敷衍的客套话，就很难说出对方想听的话，甚至反而会激化双方的对立，直接导致沟通无法进行下去。

小张是A公司的销售人员，他们公司主要负责高级公寓小区游泳池的清洁，还包办景观工程。B公司的产业则包括了12幢豪华公寓大厦。小张向B公司董事长吴先生介绍了A公司的服务项目。刚开始的时候，介绍还比较顺利，可是，后来吴先生就有意见了。

吴先生对小张说：“我看到过你们公司的服务水平，花园非常漂亮，维护得也非常好，游泳池也特别干净。但是，你们一年要收费10万元？真的是太贵了！”

小张说：“其实不贵，我们的价格是符合市价的，其他公司也都是这样的价格，又怎么可能贵呢？”

吴先生说：“你们提出的10万元也许并不贵，但是我无法支付这么多钱，哪怕你们能够找出一个变通的方法，我也非常愿意接受。说实话，我很喜欢你们公司所提供的服务，然而，现在的价格，我真的付不起，太贵了。”

小张想了一下，不确定对方是不是真的想谈生意。本来，这个价钱是非常公道的，但是，看他的样子很难接受，那就放弃吧。于是他说：“那好，吴先生，非常遗憾咱们不能合作了，我们的价格实在是不能降低了。”

吴先生只能说：“那好吧，再见。”

就这样，生意失败了。

我们能够从吴先生的话中听出，他并不愿意放弃这单生意，只不过想找个方法解决，然而，小张并没有听出来，他一口回绝了，最后导致生意流失。公司第二天又派了小刘继续和吴先生谈，最后结果是怎样呢？

吴先生对小刘说：“我在很多地方都看到过你们公司的服务水平，非常棒，花园整理得很漂亮，维护修整也很到位，游泳池也特别干净，然而，一年收费10万元，真的是太贵了！”

小刘听了后明白了顾客的顾虑，心想：“吴先生是有心做成这笔生意的，只是觉得一次付清10万元太贵了，难以接受，我得赶快找到其他的方法解决问题。”想到这里，小刘问道：“既然是这样，那您满意现在其他公司的服务吗？”

吴先生说：“非常不满意。他们用氯消毒，还勉强可以接受。但是，花园

整理得就非常不好。我们的住户经常会抱怨‘在游泳池里有落叶’，住户花了很多钱，他们不希望自己住的地方乱七八糟的！虽然我和现在的公司提了很多次，但是他们依然没有改进，住户总是打电话投诉。”

小刘：“那您就不害怕住户会搬走吗？”

吴先生：“当然害怕了。”

小刘：“你们一个月的租金是多少钱？”

吴先生：“大约有3000元。”

小刘：“那么就是说，住户每年付给您36000元了。您知道，好的住户很难找，所以，只要可以多一些好住户，您再多出两万元不是非常值吗？”

吴先生：“确实是这样，但是我不能一下子付出10万元，这样我会不踏实的。”

小刘：“要不然，您分为两次付款，把清洗花园和泳池分开来结账，这样您就可以踏实一点，而且，您也不会感到资金紧张。”

吴先生：“太好了，我们谈谈什么时候开工！”

就这样，这笔生意被善于听言外之意的小刘谈成了。

能够听懂对方的言外之意，并且想办法去解决，能让我们更好地了解对方真实的意图。

从这两个事例中，我们可以看出，在沟通时听懂对方的弦外之音的重要性。只有听懂对方话里的话，接话时才能说出对方想听的话，从而让谈判顺利进行。

那么，如何听懂对方的弦外之音，并用准确的言辞接话呢？以下三点可供参考。

1.注意对方话里的一些字眼

例如，当人不是由衷地赞美一个人时，会说“还行”“还不错”等，这些字眼很可能就是对方敷衍你的客套话，你需要听出这层意思，并做出相应的回答，你可以说“您能给出一些具体的意见吗”，这样就能让对方把自己的真正想法表达出来。

人在说言不由衷的话时，还常常会用到这些字眼，如“老实说”“说真的”“坦白说”等，其实对方往往并没有他说的那样老实，很可能这些话都是假的。例如，当对方告诉你：“坦白说，这已经是最低价了。”他的弦外之音是：“这个价格即使不是最低的价，你也会接受。”这时，你可以接：“我看未必吧，据我所知，这个价格和贵公司的最低价还是有一定差距的。”用这句话来表达拒绝，就可能让对方重新考虑价格问题。

2.语气或方式发生变化

对方说话的语气或者说话的方式忽然发生改变，你就需要注意对方的话中是否有弦外之音了。这时，你不妨打断对方：“不好意思，打断一下，刚刚您说话的语气有些不对，是不是什么地方不满呢？”这样就能让对方把想说的话说出来，从而让彼此的沟通更加顺利。

3.欲言又止时

当对方想说话，却又在犹豫到底该不该说，欲言又止的时候，他的话中很可能会有弦外之音，需要你去挖掘。这时，你可以说：“您似乎有话要说，您尽管说吧，我们提倡言论自由。”这句带有幽默意味的话，能让对方放松戒备，使其畅所欲言，不会让谈判陷入沉默无言的尴尬中。

除了掌握以上技巧之外，想要听出对方话里的话，还需要我们在接话时，边说边观察，不仅要认真听对方说话，还要注意对方的面部表情、肢体语言等各方面的信息，这样才能及时听出对方的弦外之音，并找到准确的言辞，巧妙地接话，为自己争取有利地位。

口头禅，通过脱口而出的表达看心声

“人间不值得！”

“道歉要是有用的话，还要警察干吗？”

“天空飘过五个字儿，那都不是事儿。”

这些耳熟能详的口头禅相信大家也都听过。在与人聊天时，我们经常会听到一些人的口头禅，而通过这些口头禅，我们就可以判断出一个人的性格，这样在接话的过程当中，就可以更加自如。例如上面那三句口头禅：第一句话是现在很火的李诞常挂在嘴边的话，从他的这句口头禅也能看出他对待人生的态度；第二句是很早的电视剧《流星花园》中道明寺的口头禅，而他自大又目空一切的行为性格很他的口头禅也是交相呼应；第三句是大张伟一首歌词中有名的一句，他也经常说的一句话，而他一切无所谓的洒脱劲儿，和他的这句话又是多么的吻合。这几句口头禅，正好贴合他们三个内心性格的写照。而我们还往往会发现，口头禅除了对接话者起到一个判断对方性格的依据外，还能给接话者或其他周围的人带来情绪的影响。一个积极的人说的口头禅就会给人动力，赢得他人喜欢；而一个消极的人的口头禅，就会让人看到他的颓废，和他聊天也会了无生趣。

小蕾是一家文化公司的初级编辑，平时就做一些资料整理和打印文件的琐事，她的存在似乎显得很不起眼。但事实并非如此，她在这家公司不仅受到大家的喜爱，而且还很得领导的赏识。这又是怎么一回事呢？这主要就是源于她积极的口头禅。

小蕾有一句口头禅——还好。这句口头禅让大家都能看到小蕾积极乐观的一面，不管遇到什么事，到小蕾这儿，都能让你看到希望。

“小蕾啊，我今天真是倒霉透了，今天在德胜门那边堵车很严重，结果迟到了两分钟。”刚到公司的郑丽丽向小蕾抱怨道。

“还好，你只是迟到了两分钟，要是再晚一会儿，你就撞上经理了，那才叫倒霉透了呢！”郑丽丽听了小蕾的话，吐了吐舌头，也为自己没撞上经理而暗自庆幸，因此也就不生气了。

“小蕾，你说气人不气人。今年我做的选题最畅销，为何年度优秀员工是小张而不是我呢？”小王气呼呼地向小蕾说道。

“还好啦！你不是拿来奖金了吗，而且还给你加薪了。加钱不比优秀员工这个称号更实惠么！”小蕾笑着安慰着小王。小王听到这里，心情瞬间转好了。

所以，在公司任何人提到小蕾，都忍不住夸赞，说她积极乐观，性格开朗，是个很不错的人。

这个评价，大家基本上都是从她的口头禅中得出来的。

就这样，小蕾在公司越混越好，没过多久就升职加薪了，大家都为她感到高兴。

大家为何都喜欢小蕾呢？就是因为从她的口头禅，看到了她积极乐观的一面，而她把这种积极乐观的精神传递给了公司每一个员工，让每个人都充满了正能量。因此，小蕾在公司取得了很好的人缘。

每个人的成长方式不同，生活环境也不同，因此，说话方式都会有自己独特的一面。经常说的口头禅，通常都能反映出这个人的性格特点。

口头禅通常是一个人在没有经过大脑之前所自然而然反映出来的常规性的心理活动和性格特征。所以，我们一定不能小瞧了口头禅的作用，尤其是在接话的过程中，要留心每个人的口头禅，通过这简简单单的一句话，你能看透对方的性格，从而成为了解对方的敲门砖。

大家可能会有疑问，如何通过口头禅去判断对方的性格呢，哪些话又能反映出对方什么样的心理呢？下面，我们通过几个常用词语来进行具体的分析。

在生活中，有人说话时总爱用“据说”“听说”这样的词语，常用这种口头禅的人一般都缺乏主见，判断力不强，只会人云亦云。但同时，这样的人又比较圆滑，他们这样说，是不希望为自己的行为或语言而负责。对于这类人的话，最好不要全信，大多听听也就罢了。

还有一类人喜欢肯定别人的意见，常会说哦“你说得对”“是的”“的确如此”，这类人和上面那类人一样，也是缺乏主见。这类人常常会处于弱势的一方，在交际中总是处于被动，很容易被对方改变想法，从而被对方牵着鼻子走。

还有人无论在说什么话说，总喜欢有个转折，“但是……”“不过……”是他们的口头禅。这类人性格较温和，说话也比较委婉。他们大多是交际场合中的老手，从不会把话说绝，会给他人留面子，更会给自己留余地。这种人通常会很受欢迎。

如果我们留心观察，就不难发现，很多人都有自己的口头禅。也许是自己发明的，也许是学来的，但不管如何，都透露着自己的生活圈子和性格。因为口头禅是个习惯，很难一时改变。

我们经常与别人交流，因此一定要学会通过口头禅看透对方的性格，从而让自己在接话的过程中能够做到知己知彼。唯有这样，才会赢得交际的胜利，更赢得他人的心。

语速的异常，反映情绪正在发生变化

生活中大家经常会遇到这样的情况，某人平时能言善辩，突然结结巴巴说不出话来，或者某人平时木讷，突然滔滔不绝地说一大堆话。这种和平时反常的状态，通常会给接话的人一个措手不及，不知该如何接话，接什么话合适。那这些人为何会突然反常呢？其实，这主要是因为他们内心的思想在发生变化，语速的快慢能够明显地反映出一个人情绪的变化。所以说，在接话时，如果你没看明白他的心理状态，那就不妨从他说话语速的快慢来研究，相信他的情绪定会从中流露出来。

王磊是某个部门的新人，他平时是个大大咧咧的人。每天一到公司门口，没看见人但同事们也就都知道是他来了，因为他进门总是哼着小曲跑去为每个同事都冲一杯咖啡。同时，他还有另一个爱好，那就是找女同事聊天，卖弄他“渊博”的学识。虽然大家都知道他的话不靠谱，多少有些吹牛的成分，但也因为他的活跃，为死气沉沉的公司带来了很多欢乐，因此大家都挺喜欢和他瞎扯。

有一天，王磊来到公司后，说话的语速明显和平时不同了，虽然他还想装作和平时一样，也哼着小曲，也帮同事冲着咖啡，但大家明显听出他的语言不再像以前那样流利，而且那首每天哼的小曲居然还跑调了。因此，同事阿海断定王磊身上发生了什么事情，导致他今天的情绪不正常。

阿海："嗨，王磊啊，昨晚的球赛你看了吗？巴萨表现得太棒了，居然又给了皇马一个5：1。"

王磊明显错愕了一下，但他随即就掩饰过去了："哦，是吗，我没有看呢。真是可惜，昨天晚上我比较乏，吃完饭就睡了。"

阿海紧接着说道："天啊，你竟然没看啊，真的是好可惜，昨晚的比赛真的是很激烈啊。对了，你昨天干吗了，这件大事都能错过，我记得之前你可是每次比赛都很用心的啊。"

王磊："没什么，什么也没干，就是感觉挺累的，然后喝了点酒就借着酒劲迷迷糊糊睡着了，所以就忘了。"

王磊的话，阿海肯定是不信的，其实，阿海也没有猜错，王磊确实是心情不太好。前一天晚上的时候，王磊和他的女朋友闹矛盾，两个人吵得不可开交，最后女朋友甩手而去，于是王磊心情很糟糕，气得自己喝了点闷酒，以至于今天一天王磊都心事重重。

语速主要指说话的快慢，也就是韵律或节奏问题。语速与心理活动联系密切，一般来说，当人比较懈怠或安逸时，语速较缓；当人情绪波动较大时，语速就会明显加快。语速与心理情绪密切相关，通过观察对方的说话速度和语气，我们可以将他们看得更透彻。

不要小瞧这个语速问题，这并不是一种普通的现象，它能折射出一个人的内心世界，想要读懂人心，在接话时随心所欲，就必须学会听出一个人说话时的变化。"语速快慢背后包含着很多重要的信息，而最重要的信息就是它能够直观地反映出一个人的心理特征。"这就是心理学家约翰·布鲁德斯带给人们的最大启示。把握好语速的变化，你就等于把握住了对方情绪的变化。

打招呼的方式，反映出不同的性格特点

在日常生活中，人们在交往中表示友好时往往会互相打招呼，这是人们见面的时候最为简便也是最为直接的礼节。打招呼的方式有许多，不同的打招呼方式也可以反映出每个人的不同性特点，表现出情绪的细微变化。而通过打招呼时的情绪变化，我们在接下来的对话和接话中，就可以应对自如。

龙芸在一次聚会上，认识了一位异性朋友。他戴着眼镜，一副文质彬彬的样子，一下子便吸引了龙芸的注意。她本来想过去给他打招呼，不料，他早已注意到她，微笑着向龙芸走来，伸出左手，招呼道：“你好！”

龙芸急忙伸出右手，回敬道：“你好。”在聚会上，他们相谈甚欢。当他们离开时，便互相留了电话号码。

过了一段时间后，龙芸意外地接到了这位异性朋友的电话，他在电话中约龙芸去玩。龙芸爽快地答应了。

再次见面时，那位异性朋友依然微笑着打招呼：“你好！”龙芸此时感觉他特有绅士风度，立即也以“你好”回敬。

那次他们玩得很开心，龙芸心里早已把他当作朋友了。可是后来的约会中，龙芸却有些失望。尽管他们已经很熟悉，可是那位朋友依然以“你好”打招呼。龙芸每次听到“你好”这两个字时，心里并没有把自己当朋友，只是自

己一厢情愿地将对方当作好友。

一天，郁闷不已的龙芸跟自己的闺密谈起了这件事。没想到朋友一听，便拍手说道：“你真笨，这是他的习惯，你可以观察他对他其他朋友是否也是如此。而且喜欢以‘你好’打招呼的人深得朋友信任，他应该拥有许多不错的朋友。”

龙芸暗暗地将闺密的话记了下来。第二次，她便央求这位朋友带她去见其他朋友。果然在见到其他人时，他依然微笑着以“你好”打招呼。龙芸心中的石头终于落地了。

打招呼最初只限于熟人之间，后来随着社会交流范围越来越广，和陌生人打招呼也屡见不鲜了。在社交礼仪中，打招呼是一门非常重要的学问，是联系感情的纽带，是心灵沟通的方式，更是增进友谊的手段。它不仅能体现出一个人的个人修养与素质，还能让我们透过观察对方打招呼来看透他人的心思，洞察人们的内心世界。

故事中的龙芸因为不懂心理学，只知道以“你好”打招呼的人懂礼貌，比较有素养，却不知道透过朋友打招呼的方式来揣摩他的内心世界，因而误解了对方，陷入极度郁闷的情绪里。不过值得庆幸的是，在闺密的提醒下，她的误会及时消除，这段情谊仍旧继续下去。

见面打招呼、问好是人们在交往中互相表示友好和认定的一种方式。正因为打招呼是人们见面时最简便、最直接的礼节，是人人都需要实施的行为，极具普遍性，所以它在日常生活中出现的频率极高。而打招呼的方式也能透露出关于这个人性格的信息。

李琛和张晓磊在大学时候就是好朋友，毕业的时候，他们两个都报考了公务员，张晓磊考上了公务员，而李琛没有考上，他非常羡慕张晓磊，后来一家公司招聘应届毕业生，李琛便进去面试进而被录取了。

时间一晃，四年过去了，李琛再次和张晓磊有缘相见，李琛一见面就说：“四年不见，混得如何了？”

张晓磊有些嗫嚅地说道：“没什么，呵呵，就混日子呗。”

李琛没有注意到张晓磊内心的胆怯，以为他是在故意谦虚，于是说道：“看看你，真是谦虚，当官了不一样了，对了，怎么不开车，还想跟你赛赛车技。”

张晓磊脸有点红，什么也没说。

李琛看见张晓磊的表情不那么直爽，有些不满，说道：“你看看你，几年不见，竟然跟最好的哥们见外了？”

看张晓磊拘谨的样子，李琛有些想笑，说道：“你都当官了，现在是干部，我不跟你客气，走，吃饭去，我今天可得好好宰你一顿。”

李琛连拖带拉地拽着张晓磊走到一家高档餐厅，点了一桌子的酒菜。

在吃饭的过程中，李琛发现张晓磊好像变得沉默了许多，于是问道：“哥们，现在这是咋的了，是遇到困难了吗？”

李琛问来问去，实在没辙，张晓磊说了实话，他没钱买单。

李琛问道：“不是吧？你工资不多吗？这么多年了怎么比我还穷？”

张晓磊说道：“没你想的这么好，我也就是最基层的，自从公务员实行阳光工资以后，工资下降了很多，唉。”

李琛这个时候才明白，自己的老同学为什么在打招呼的时候就有些嗫嚅，于是安慰他说道：“你还不如来我公司上班呢，我现在在公司做经理，我可以给你安排个肥差。”

张晓磊无奈地苦笑着，端起一杯酒郁闷地喝下了。

中国是个自古就讲究礼数的国家，与人见面打招呼更是必不可少的礼仪。有人会说："天天都打招呼，这算什么难题？"打招呼这样一个看起来再平常不过的举动，却是社交礼仪中不容忽视的问候礼仪。作为一个识人较深的人，他是很容易从打招呼中窥探出对方的心理的，你此刻的心情如何、心理状态如何，都能从打招呼中得知。如一面注视对方的眼睛，一面点头打招呼的人往往是对对方怀有戒心，而且还有想处于优势地位的欲望。这些人在打招呼时，一直凝视着对方的眼睛，其心理就是想利用打招呼来推测对方的心理状态。所以，要想和这种人接近，应特别注意对方的诚意。

招呼礼是人们见面时最简单、最基本的礼貌要求，它虽然发生在瞬间，但却反映了一个人待人的态度和礼貌修养，其影响久远。对熟人不打招呼，或对对方的招呼毫无反应，都是一种失礼的行为。招呼礼不能千篇一律，其方式应根据不同场合、不同时间、不同对象有所变化。

听话听声，声调里藏着很多信息

常言道：“听话听声，锣鼓听音。”意思就是通过一个人说话的声音，以及说话时候的状态，来看透这个人内心的情绪。

通常来讲，一个人内心顺畅时，说话声音清亮；内心很平静时，声音听着也平和；内心有兴奋之意时，声音和语调都会变得有些激动。所以，我们完全可以通过辨别一个人的声音，来了解他内心的情绪，达到掌握对方内心真实想法的目的，这样在接话的时候，不至于出现太大偏差。

日常生活中谈话时经常产生两种声调：一种是使用言辞的，一种是使用声调的。有时候这两者很契合，但通常并非如此。当你问对方：“你最近怎么样？”得到的回答是：“挺好的。”你通常不会凭借这句“挺好的”来判断他的感受，而是会凭借他在说话时声音的音调、节奏、速度等来判断他是真的好还是不好。例如，音调低、节奏缓慢，说明他最近不是很好；相反，音调高、速度较快，则说明他最近真的挺好。怎么样说话比说什么样的话更重要，因为我们的态度不是经由言辞，而是经由讲话的声音表现出来的。有时候人们迫切需要自我表达，却不想直接说出来。所以，你很少会听到诸如“你伤害了我的感情”“我好难过，希望能帮我减轻痛苦”“我的工作让我感到沮丧，我需要你来听我诉苦”之类的话。但是你会从人们的声调中听出这样的信息。对方表达时会叹息，会缓慢地说话，或者简短地回答问题，并配以低沉无力的声调。

于是，你就能从中知道对方真正的情绪和态度了。

李书明是一名销售员。这次，他跟一位老客户洽谈，这位老客户很随和，和蔼可亲。基于以往的经验，他完全有把握拿下这位客户。

李书明像往常一样，早早地来到了约定的地点。他早早为客户点好他喜欢喝的咖啡，可是等了很久，却不见这位客户的身影。

等了好长时间，李书明便打电话给那位客户。接通电话后，客户先清了清喉咙，说道："你再等一下，我一会儿就到。"

李书明放下电话，继续等待。可是不知道过了多久，那位客户依然没有出现。李书明正要打电话时，那位客户终于出现了。他正要起身致意时，那位客户就先伸出手来，清了清喉咙后，放低声调说道："真对不起，今天遇到一点儿事，所以来迟了。真抱歉！"

李书明想跟对方说什么，但还没来得及开口，那位客户的手机却响了起来。客户避开他，把声调调得更低了，然后接起了电话。回来时，清了清喉咙，故意又调高声调，满脸歉意地说道："真抱歉，刚才我妻子打电话说家里有急事，需要我回去。我必须得回去，真对不起，让你久等了，我又要离开了。"

李书明只好表示理解。望着客户远去的背影，李书明依然摸不着头脑。他不知道这位客户在演什么戏，以前很快就签单子，而这次却不知怎么了。

在李书明若有所思时，同行的一位朋友打来电话说，他同事今天签了一张大单子，并说出了这位客户的名字。李书明不由得大吃一惊，那位客户竟然就是自己今天见的这位客户。他一下子瘫坐在椅子上，这时才想起那位客户这次说话时总是不断地清喉咙，他以为客户的喉咙里卡了什么东西，却没想到客户是在掩饰自己内心的焦虑。

后来，李书明才知道自己被竞争对手陷害了，这位竞争对手在拜见这位客户时，故意诋毁他们公司的产品，所以这位客户便跟他们展开合作。

李书明懊恼地想道："如果我知道他不断地清喉咙和调声调是为了掩饰自己内心的不安，及早解除误会，也许我就不会错失这位老客户了！"

故事中的客户在说话时，不断地清喉咙其实就是在变换说话的声调，以掩饰自己内心的焦虑和不安。假如李书明及时认识到客户不断地清喉咙是为了掩饰自己内心的不安，从而及早解除误会，也许他就不会错失这位老客户了！

声调有很大的作用，以广播为例，通过电波，主持人的声音传到你的耳中，你从中可以得知主持人对所说内容的态度：是赞成还是怀疑，是喜欢还是厌恶，是热情还是冷淡。所以，即使无法展现自己的形象，电台主播们还是以他们的声音征服了很多听众。声音的重要性远远超过了言辞，而在交流中我们通常把注意力放在言辞而非声音上。这是片面的。一个放大说话音量的人，通常有控制局面的目的。大声说话是独断、强制且具威胁性的行为，所以想支配或控制他人之人，讲话通常很大声。很多人认为大声说话是自信的表现，但有些人大吼大叫，是因为害怕如果轻声细语，没有人会听得见。有些人说话声音小，可能会被认为缺乏信心或优柔寡断，但是小心别上当。轻柔的声音可能反映出平静的自信，说话者只是认为没有必要支配谈话过程。要是对方说话总是轻声细语，请注意他的抑扬顿挫之处是否适当。当在场的人听不清楚的时候，他是否会努力放大音量。如果不是，也许他不够细心，不会体贴别人，或者骄傲自大。如果他一直轻声细语，并伴随着如缺乏眼神接触、转过身去或扭过脸等不舒服的肢体语言，这就是不舒服的象征以及自信心缺乏的

表现。

声音被西方学者称为“沟通中最强有力的乐器”。心理学家研究发现，人与人之间30%左右的交流是通过说话时声音的语调、响度、音调等表达出的情绪内容来实现的。因此，我们在与人交谈时，一定要时刻关注对方语气和声调，从而判断对方内心情绪，在接话之前做好万全的应对之策。

第六章

学习万能表达法，什么样的话题都难不住你

看人说话，语言也要讲究“入乡随俗”

在社交中要学会看人说话，否则，你很容易引起对方的反感。看清对象，想好之后再说，如此才有利于建立良好的人际关系。

有一年元旦同学聚会，有人提议，想去看看很久没见的班主任张老师。

第二天，我们来到了张老师家。老师虽然已是快70岁的人了，但依然打扮很时髦。“哎，我孙子都出生了，我越来越老了啊。”张老师看到我们很高兴，感叹道。

“谁不是越来越老啊，老师您已经很不错了，看着比同龄人要年轻很多。”我们都知道张老师怕老，所以都会避开这个话题。

张老师对我们很热情，忙着添茶倒水。可能是这几天应酬多，她透着疲惫，加上感冒了，声音沙哑，整个人看起来不是太精神。

有一个同学毕业后很不如意，这次看望张老师，顺便是想请她指点迷津。“张老师，好久没见了，挺想你的。”那位同学把带来的水果放下，开始跟张老师寒暄。

张老师坐下后，那个同学继续说道：“老师，你的声音听起来很沙哑，人也不精神，看起来比之前苍老了很多。”

这么一说，张老师跟受了打击一样，脸色立刻就变了，气氛瞬间陷入了寂静。

“我只是感冒了，有些疲惫而已。”张老师说话时明显带着不悦。

那个同学这才意识到自己失言了，也没敢再说明自己来的意图。

我们连忙岔开话题，谈论起了张老师的孙子……而这一整天，张老师很少跟那个同学说话。

在社交中，很多人都会犯类似的错误，他们说话不看对象，不分场合，最后只会冒失地得罪人，无法达到自己的社交目的。

与人交往，必须掌握说话的艺术，才能为社交的顺利开展奠定良好的基础。交流是双方的，如果只顾表达自我，不顾对方的感受，那就毫无意义了。值得注意的是，我们应该看人说话，在沟通时要懂得用对方喜欢的方式表达，如此才能获得他的认可。

有人认为，这是曲意逢迎，无异于说假话，溜须拍马。这么理解是错误的，因为看对象说话是对他人的一种尊重。其实，这是很有深意的事，其中包含了很多的交际技巧。我们要注意观察对方的为人，了解对方的喜好，探究对方的社交方式——只有摸透了对方，在谈话时才能做到得心应手。比如，也许你说话不是字字珠玑，但懂得看对象说话的好处，能说到对方的心窝里去，你就更容易被他人理解，也更容易得到信任。至于谈话对象，可以根据他的性格、喜好、文化程度、身份地位等找到合适的切入点。

俗话说“入乡随俗”，懂得看人说话，沟通就会更顺利。

阮成是某玩具公司的采购员，就很懂这一套。有一次，他跟合作的包装箱供应商谈业务，负责接待他的是小赵。小赵是东北人，性格爽朗，能力很不

错。他之前见过小赵几次，也算熟悉。

“你小子最近忙什么呢？好久不见啊！”阮成很豁达地说，他放下了平时的客套劲儿。

“哎呀，是你大驾光临啊，真是想死我了。”小赵笑哈哈地打招呼。

“这不，还有不到一个月就是六一儿童节了，我们公司要准备提前给代理商铺货，这次要的包装箱准备得怎么样了？虽说数量有点大。但要是没准备好，我可饶不了你啊！”阮成佯装发狠地说。

小赵一听，马上乐了：“放心吧，我就是不给别人也得先给你供货啊，谁让咱俩‘臭味相投’呢。”

这看似随意的谈话，其实是故意为之。阮成了解小赵，他知道小赵喜欢跟爽快的人做朋友。如果自己说话中规中矩，效果反而会不好。

跟沉闷、固执的人交流时，说话要简洁，有重点。因为，这类人反感滔滔不绝，讨厌兜圈子，喜欢直奔主题。

面对傲慢无礼的人，要耐着性子交谈。对这类人说话要有力，有主见，但也万不可伤了他们的面子。因为，这类人常常唯我独尊，一旦觉得丢脸了，就会做出不理智的事。总之，跟这类人交往时既要强硬，也要适当地示弱。

跟地位比较高的人说话时，要恭敬有礼，尽量说符合对方身份的话。你不能按照平时的方式去说话，不能太随便，也不需要多亲切。

跟文化水平高的人说话时，可以适当地对语言进行修饰，书面化、深奥、含蓄一些。但跟文化水平低的人说话就不能如此了，因为你文绉绉的话，对方会很不适应。所以，为了避免尴尬，最好多说大白话。

面对虚荣的人，不妨多多称赞、恭维对方，他们会很受用。而面对深藏不露的人，最好先向对方表达自己，之后对方才会变得主动。

面对性格温和的人，说话不要太急，配合好就行。而遇到自私的人，不妨先提一些对方可以获得的好处，那样你们自然会变得“友好”起来。

不论何时，在交流时要根据对方的具体情况选择相应的说话方式，这样才能搭建良好的沟通平台，达到自己的社交目的。

关注细节，表达时更能打动人心

细节决定成败。很多时候，那些微乎其微的细节往往会对事情的结果起决定性作用。人际交往或者说服中每一处细节都能体现出你能力的高低。细节同样决定着你留给对方的印象，决定着对方是否继续与你交往、保持联系或者是否愿意接受你的说服。

如果你在交谈中，把一些小的细节处理得恰到好处，那么往往会打动人心，并使对方对你的好感倍增。一个小小的细节很能反映出一个人的本性，所以，对细节的注重也能助你成就一番大事业。

江波是公司业务部的经理。因为业务需要，出差是江波的家常便饭。每一次出差前，他都会先和合作对象联系，然后到当地会面。几个月前，外地的李经理突然决定要取消合作，江波决定找李经理再进行商谈，希望能留住这个大客户。

当江波到达李经理所在的城市时，发现李经理的手机临时停机了。江波想，可能李经理还没发现自己的手机停机。于是，江波立刻为李经理充了100元话费，并发了一条短信，以示问候："工作别太辛苦，愿您时时都有好心情。"

收到短信后，一直没有察觉手机停机的李经理，这才发现了自己的疏忽。他立即打电话，和江波取得了联系。

江波为李经理充话费的这个小小细节，深深地打动了李经理，没有经过商谈，李经理当即就决定继续和江波合作。

江波并没有刻意去做什么，只是看到对方停机时帮了个小忙。江波是为了尽快能和李经理联系上，节省在外地盲目等待所花费的时间和精力，才做了这件小事。

令江波意外和开心的是，正是因为这个小小的举动，竟然成功地“说服”住了李经理这个大客户。

注重细节，就是要着眼于细微之处。有时候，也许我们只是做了一件很小的事情，却能得到意想不到的收获。细节存在于我们的日常生活中，只要你注重每一个细节，那么你就能获得更多的益处。

一些小细节往往能起到决定性的作用，甚至决定你留给别人的印象。所以，虽然交际需要伪装自己，但并不代表可以忽略细节与技巧。

不要小瞧了和别人沟通的细节。就像我们不能忽略打招呼这个简单而最基本的礼貌一样。在人的内心里有思想和情感两方面，要想开始进行交流与沟通，都得从最基本的打招呼开始。如果你连最基本的细节都做不到，那么又怎么应付得了复杂的人际关系呢？又如何在复杂多变的环境中成功地说服对方呢？

在交往时，言谈举止往往是人的内心世界的反映，因此必须注意个人的言谈举止。你的言谈举止可能会使对方喜欢你，也可能会使对方讨厌你，从而会成为说服成败的关键。

你要时时反省、审视自己的举止言行。虽然只是一些细节，平时多加注意，才不致出错，才能令对方对你产生好感。

交谈中，你能否成为一个受人欢迎的人，和你是否注重交往的细节有很大的关系，不要轻视任何一个小小的动作、行为或语言，这都有可能成为对事情起关键作用的细节。那些令人反感、厌恶的小细节往往在最关键的时刻暴露你的大缺点，从而使你的形象在别人眼里受到很大的折损。因此，你必须注重语言中的细节问题。

细节有时体现在你对别人的小小付出。比如，在事情原本的基础上为别人多做一点事情，对别人做出细微的关照，这些小事可能会给你带来意想不到的收获。

杨秀是一个从农村来的女孩，没有多少文化，却有着一手缝纫的绝活。为了一家的生计，她在路边摆了个小摊，帮别人做些缝缝补补的活。

一天，一位顾客匆忙拿了一件旧衣服，交给杨秀修补。顾客只给了修补衣服的钱，杨秀把衣服缝补好后，又用电熨斗把皱巴巴的旧衣服熨平整后，才交给顾客。

杨秀帮顾客熨衣服，这一个小小的细节让顾客很感动，他说："我只给了你修补衣服的钱，而你却又帮我熨得这么平整。真是太感谢你了！"

周围的同行都觉得杨秀傻，杨秀却不在意这些人的议论，勤勤恳恳地做着自己的活。

后来，那位顾客把杨秀介绍给了他一个开服装厂的亲戚。杨秀成了服装厂的工人。

多年后，那些嘲笑杨秀的人，仍然在街上做着缝缝补补的零活，而杨秀却已当上了服装厂的总经理。

细节体现在行动上。一句温暖的话语，一次真诚的握手，一个温馨的提示，都能帮你获得意外的收获。比如，遇人时要充满微笑，哪怕是陌生人，也不要做出一副严肃、冷峻的表情。包括与人握手，与人对话时，都要注意细节。只有在行动上把细节做得恰到好处，才能在对方心里树立好的形象，从而打动、说服对方。

细节体现在修养上。有时候决定细节的是一个人的修养、胸怀和人格。提高自己的个人素质，提升个人魅力，树立良好的个人形象，获得别人对你的认可。比如，对别人的错误不要当场批评，可以找个合适的时机委婉地指出；在背后坚决不说别人的坏话，等等。这些小的细节都能体现和反映的个人修养和素质。

细节体现在日常生活中的点点滴滴。比如，见过一次面后，一定要记住别人的名字。如果可能，还要对别人的兴趣爱好加以了解，还可以问一下他的生日，并暗暗记在心里。当对方过生日的时候，送上一份对方喜欢的礼物。

在各种有纪念意义的日子，发条短信问候或祝福一下，或者邮寄去你精心准备的礼物。这是你真诚地向对方表示最好祝愿的时机。把握住这些时机，也就等于抓住了生活中的小细节。

细节在于习惯的培养。注重细节习惯的养成是很有必要的。注重细节的习惯会让你在交际时有意想不到的收获。

注重细节的习惯，需要你在日常生活中不断地积累和培养。如果你准备得很充分，当机会来临时，你就不会因为不注重细节而失去它。我们都应该从珍视细节开始，生活中如此，工作中如此，交际中亦如此。

莫要争辩，表达不是一场辩论赛

在沟通中，如果你想要建立良好的人际关系，就要时刻注意自己接话时的语气。跟对方交流的过程中，不要总是在一些小事上争论不休。

其实，每个人的生活背景不同，生活经历不同，思想也就不一样。每个人都有自己的观点，我们不可能让大家都跟自己想的一样，因此，应该抱着宽容的心去接受更多不同的意见。

有些人比较低调，他们不喜欢与人争执，即便大家的思想不一样，他们也可以做到尊重对方。但是，有些人比较高调，而且爱认死理，总想跟对方一争高下——事实上，这种争执毫无意义。

如果你跟朋友为一个并非涉及原则的问题一争高下，那么自己最终能得到什么？不过是朋友之间伤了和气罢了。也许你是为了逞一时口舌之快，但你要问问自己，是接话时逞口舌之快重要，还是朋友重要呢？如果因此而失去了朋友，那绝对是不划算的。

王平上大学时学习成绩一直名列前茅，还是学生会干部，因此，他一直觉得自己很优秀，慢慢地就变得骄傲自满起来。但自从他毕业出了校门，这种情况就改变了。

现在，王平只是一家公司的普通员工，原来在学校里的那种光环不见了。

但他依然心高气傲，不管做什么事都不服管，总觉得自有一番道理。作为一个职场新人，他因此吃了不少苦头。

一次，王平跟办公室里的一位老员工因为一个程序处理问题吵了起来，他觉得自己编写的程序是对的，而那位老员工认为此程序稍微烦琐了些——其实有更简易的写法，因为程序写得越烦琐，以后出故障的可能性就越大。

王平觉得那位老员工是在故意刁难他，因为他写的程序没有错，就算是写得复杂了点，但同样可以达到效果，干吗非要拿这件事让他当众出丑呢？

于是，王平据理力争，想让自己的成果得以应用。在他跟老员工争吵之后，总经理出面让专业人员开始测试，测试后认为他写的程序是要修改，因为这关系到整个公司的利益。其实，他心里也明白，程序修改一下会更好，不过是为了面子才不管不顾的。

自此以后，总经理对王平就有了偏见，办公室里的其他人跟他也都疏远了。可见，王平不仅没有争辩过那位老员工，还赔上了自己技术不过硬的坏形象，这就叫“一步走错，满盘皆输”。

于是，王平开始反思自己：尽管自己上大学时是风云人物，但与现在相比，就像一个刚学会走路的婴儿。他开始明白，在职场中想要获得好人缘，要时刻保持谦虚谨慎的态度，不要老想着一争高下，适当的恭维也是必要的，毕竟自己还是新人。

想到这里，他就知道自己应该怎么做了。在一次午休的时候，他当着大家的面给那位老员工道了歉，并邀请大家一起去吃自助餐，算是为那天的事赔罪。在他的邀请下，大家都欣然接受了他的好意。

后来，王平跟大家的关系渐渐好了起来。

从王平的故事里我们可以看出，一个人如果喜欢与人争执，他可能就会被认为是不易相处的人。那么，当他再想与别人建立关系时就比较困难了。所以，大家要记住，遇到什么事情都不要急着与人争辩，接话前要先考虑一下是否有自己的原因。如果真是自己错了，就应该听取别人的建议——无休止地争辩下去，那就是无理取闹了。

事实上，即便你真理在握，与人争辩时也该语气平和，而趾高气扬只会伤人伤己。当然，如果是迫不得已，你也要选择合适的时机，采取合适的方式来向对方阐述自己的理由。

总之，争辩不会为你带来朋友——相反，你可能会因此失去更多的朋友。

聊天中，恰当的谎言必不可少

我们从小受的教育就是要为人诚实，因为在社交中以诚待人是大家都认可的一个原则。

诚然，你只有对别人付出真心，才能得到对方的信任，可有时候，特别是在自己陷入两难处境时，我们还要学会适当地说谎——如此一来，你既能照顾到对方的面子，也不致让自己陷入不利的境地。

李可为人很诚实，他最不齿的一种品行就是虚伪，因此他一直要求自己，无论在什么场合，遇到什么人，都不能说谎。可就是这样一个耿直的人，到了四十岁的时候，身边竟没有一个知心朋友，连亲人都不喜欢他。

话说年轻的时候，李可供职于一家大型互联网公司，凭借多年的工作经验，他很快晋升为公司的一名中层领导。出于工作的需要，他每天不得不跟各个部门的经理和员工打交道。

有一次，公司要进行大规模的人员调整，老总让每一名中层领导都上交一份方案。李可特别实在，该汇报、不该汇报的问题，他都说了——虽然说的都是实话，但也因此得罪了不少人。

其他的问题也就算了，关键是他还披露了部门经理生活不检点。这下可好了，部门经理遇到了大麻烦，人家费了好大的劲儿才把事情摆平，没被上层领

导追究。

李可还跟没事人似的，觉得自己没有错，只是说了实话而已。但部门经理却把他当成了眼中钉、肉中刺，处处给他穿小鞋、使绊子，恨不得整死他。

“如果当初你不说实话，现在也不致如此啊！”好心同事提醒李可。

“这是什么话，做人就应该说实话！”李可斩钉截铁地说道。

同事原本是好意，结果挨了一顿批，之后就再也没人帮李可了。最后，李可实在混不下去了，只能辞职走人。但他在其他公司也不会工作得太久，因为他在“孤胆英雄”的路上走得更远了。

李可为人耿直，但就是因为太耿直，什么都说，才让自己变成了讨人厌的危险人物。所以说，在社交中，必要的谎言还是要说的。

说谎不是虚伪，有时候只是一种必要的交际手段，无关道德人品。李可的悲剧在于，他混淆了说谎与虚伪，导致没有人愿意亲近他，最终只能失去别人的尊重，也毁了保护自己的防线。

美国社会心理学家费尔德曼将人们说谎的动机分为三类：第一类，讨别人欢心；第二类，夸耀自己和装派头；第三类，自我保护。

前两个动机我们可以理解，至于第三个，有的人就会觉得为了保护自己而说谎是一件很不光彩的事情。其实，只要我们说谎不是为自己谋私利或者伤害他人，内心大可不必为此纠结。

“逢人只说三分话，未可全抛一片心”，有时候，我们需要做的只是交际而已。如果对对方的一言一行都较真儿的话，很容易让他尴尬，而自己也不会给人留下好印象。因此，不分场合的诚实不仅会伤害别人，也会伤害自己。

抛开道德不说，分场合说谎也是一种智慧——真正高明的谎言可以为我们在人际交往中加分。这里是说，说谎的时机要适当，用词也要合理，并且还要满含真诚，能让对方感到温暖，同时能够保全面子。

生活中，我们经常会遇到这样的情况，本来已经打算好了周末要跟女朋友出去玩，可朋友打电话来问有没有时间聚会——这时候，你如果直接坦白地说出理由，不免会让朋友对你产生重色轻友的怀疑。

所以，为了避免误会，你可以用一些听起来合情合理的理由推掉朋友的邀约，比如公司加班、家里有事等，要把理由说得很详细，也要很真诚地对他表示歉意，让对方理解自己，并且跟他约好其他时间再聚会。如此一来，你既安抚了朋友，也保证了自己的正常活动。

与人交往，适当的谎言可以起到促进作用。因为，谎言有时候能够让尴尬的气氛变得活跃，让紧张的关系变得轻松。毕竟，如果我们能达到既不得罪别人，也保护了自己的目的，算是两全其美。

所以说，在社交中，恰当的谎言必不可少，但不能说弥天大谎故意去欺骗他人。否则，谎言一旦被拆穿，就会引起不必要的麻烦。

漫漫因为醉酒出了车祸，把脸划破了，缝了好几针，左脸看起来有点恐怖。她从小就是一个非常爱美的人，这可把她吓坏了，于是天天跟朋友哭诉，要死要活的。

“漫漫，没事，伤口虽然大，但不深。等伤疤好一点，可以做个美容小手术，不会留疤的。”朋友安慰她道。

“真的吗？你确定吗？”漫漫迫不及待地问。

“对，是真的。”朋友不敢确定，只能说谎话，“我之前有一个朋友，脸被玻璃划破也缝了针，后来她用了好药，做了美容手术，最后真的没留疤。”

听了朋友的话，漫漫安心了不少。不过，她的脸上最终还是留下了一点疤痕，但她已能坦然接受了。而对于朋友善意的谎言，她非常感激。

还有，说谎时要对人对事，不能满口胡诌，那样一眼就会被他人识破，对方不但不感激你，反而会觉得你虚伪。比如，你跟一个长相丑陋的人说他长得好看，他一听就知道你在撒谎，甚至觉得是一种讽刺。所以，说谎要有事实根据，不能太离谱。

在这个世界上没有不说谎的人，尤其是在社交场合，那就让必要的谎言发挥它应有的作用吧。

遇到自己擅长的问题，表达时更该谨慎

被问题难住无法接话的人很多，接话时回答自己擅长领域的问题而吃亏的人也不在少数，为什么会出现这种现象呢？从心理学角度来说，当别人提出的问题恰好属于自己擅长的领域时，人往往会在虚荣心的驱使下口若悬河，滔滔不绝地大讲专业知识，不在意对方是否听得懂，以至于自己的回答最后完全偏离了问题。例如，顾客想买一台洗衣机，向销售人员询问功能时，销售人员开始施展自己的才华，非常专业地向顾客讲解洗衣机制造理，试问消费者会怎样想呢？我们再来看看其他例子。

小张开了一家装修公司，想要为公司做一个广告。经朋友介绍，认识了广告设计方面的资深人士李老师，小张便向李老师询问自己公司应该怎样做广告。

小张问：“李老师，您是广告设计方面的专家，从事广告设计20多年了，我的公司想打广告，您能给我一些建议吗？”

李老师说：“我对广告设计较为熟悉，经验也有一些，我想先了解一下，你想给什么产品打广告？”

小张说：“我们是装修公司，想打装修方面的广告，应该安放在哪些地方比较有效果呢？”

李老师说："装修方面的广告，最好在新开发的楼盘周边打广告。"

小张接着问："要多大的广告版面呢？"

李老师回答说："这个没什么限定，你可以根据广告费来决定广告版面的大小，其实只要能够把你的信息传递出去，就达到宣传的目的了。"

俗话说"虚心竹有低头叶，傲骨梅无仰面花"，案例中李老师在接话时就十分谦虚严谨。面对小张的提问，李老师先问了小张想要打什么广告，了解了小张的需求点，才回答小张应该在哪里打广告，打多大的广告。李老师并没有因为自己是广告设计的专家就大谈专业知识，因此他的这种接话方式，就是有效的回答。

在接话方面，无数经验告诉我们，越是遇到自己擅长的问题，越应该谦虚谨慎，例如，爱因斯坦在专业领域态度是十分严谨的，回答普通人的问题时又是幽默风趣的，甚至经常拿爱情故事来打比方。

通常，擅长的问题主要分为以下两种：

1.被别人问过很多遍的问题

例如，从事客服这一职业的人，同一问题每天可能要重复回答很多次，遇到这种情况，一定要保持耐心，要从内心里将现在的提问者当作第一个提问者来对待。

2.涉及本专业领域的问题

遇到此类问题，首先要看提问的对象及诉求，如果提问者是普通人，回答时就要尽量通俗易懂，让对方听明白，最好采用比喻的方式，让提问者更容易理解；如果对方也是专业人士，那么回答时就要专业严谨一些，以免给对方留下不专业的印象。

我们经常听到这样一句话："淹死的都是会游泳的！"当然，虽然这个说法并不严谨，但也表明了一种现象：不会游泳的人不轻易下水，擅长游泳的人在水中容易放松警惕。接话中也是这样，遇到不擅长的问题，你回答时就会小心谨慎；一旦遇到擅长的问题，就可能表现得过于自信，甚至骄傲，接话时往往容易锋芒毕露，语出伤人，最后得不偿失。

提升亲和力，使你在表达时更有魅力

亲和力，是指与人交往时，一个人所散发出的让对方喜欢、赞赏的吸引力。亲和力在社交中非常重要，它能凝聚交往双方的力量，从而使你的沟通更有魅力，为你建立和谐的人际关系。

无论是在职场竞争中，还是在商业交谈中，或是在与异性的交谈中，具有亲和力的人总是能占据更大的优势。努力打造你的亲和力，可以为你带来好人缘。

张甜甜就是一个非常有亲和力的人。当时，公司里有一个合作项目，需要张甜甜所在的公关部跟对方洽谈业务，可是部门领导刘经理都跑断了腿，合作还是没谈成。后来，这个任务交给了张甜甜，没想到，她接受任务的第二天合同就签了。

合作公司的经理对公关部刘经理说："你们公司的小张真是太有亲和力了，她那张真诚和甜美的笑脸给我留下了很好的印象，其他人可没有她那样的亲和力呀。"

对此，刘经理专门为张甜甜的事情开了个会——他希望公关部的每个员工都要好好打造自己的亲和力，以便赢得更多的好人缘，取得更好的业绩。

刘经理说："没有人会拒绝一张亲切的笑脸，小张亲切的笑容感染了对方。事实上，即便对方最初态度很冷淡，但是你的笑容可以影响他，让他觉得跟你很投缘。小张的笑脸就是她亲和力的表现，有了亲和力，就能获得更多的人缘。”

亲和力是你获得更多人脉资源、维护良好交际的法宝，那么，这就意味着在交谈中你必须始终保持自信、积极的心态。亲和力体现在诸多方面，比如，真诚和善，态度谦恭，集体意识强，能与人同甘共苦等品质。

亲和力也可以看作是沟通能力的综合体现。具有亲和力的人，一般都能掌控人际交往，占据优势地位，同时也更容易被对方认可。这是因为，这种人在交际中很容易吸引和感染对方，他的真诚、友善会打动对方，令对方感到亲切，从而影响对方也采取相同的态度对待他。

相反，一个人在与人交往时如果表现得傲慢、冷漠并充满敌意，那么就会使人感到不愉快，从而不愿意与他交往。但是，一个人在交往中表现得羞涩、唯唯诺诺，这也不是亲和力。因为，亲和力不是退让，不断地退让并不能保证交际顺利进行。

拥有开阔的心胸是打造完美亲和力的方法之一。宽容的气度可以减少不必要的矛盾和冲突，营造舒适的交际环境，维护人际关系的和谐。

胡锋人缘好，朋友多，大家都觉得他为人处世非常得当，有一种超凡的气度。一次，有一个哥们因为嫉妒胡锋的好人缘，跟胡锋的朋友郑钧说了胡锋的坏话，想破坏他俩的关系。

郑钧把这件事原原本本地告诉了胡锋，他觉得胡锋一定会骂那个人，并当面对质。胡锋听后，淡定地一笑，说：“我俩做朋友也不是一天两天了，你信他的话，那今后就不用再跟我往来；如果还信我，我们仍然是朋友。”

郑钧听后，非常惊讶，原来胡锋这样胸怀开阔——别人在背后中伤他，他居然能坦然自若。

胡锋接着说："大家都是朋友，何必无中生有地把关系搞得这么紧张？如果当面说破了，你失去了朋友的信任，我与你断了缘分，对谁都不好。"

郑钧听后，非常佩服胡锋的气度。

其实，胡锋能够跟朋友始终保持和谐的关系，得益于他的宽容大度，从不斤斤计较。

谦恭和善的姿态是打造完美亲和力的方法之二。这是对别人的尊重，也是对自己品行的要求，我们可以从中看出一个人的境界。这种态度平易近人，可以迅速拉近你与交际对象的距离，提升交际的融洽度。

用笑容感染对方是打造完美亲和力的方法之三。亲切的笑容是你留给对方最好的第一印象，在交谈中能起到抛砖引玉的作用——只要粲然一笑，你就会赢得好人缘。

得体的话语是打造完美亲和力的方法之四。话语不在于多少，而在于贴心、暖心，能说到人的心窝里去——这样可以使对方产生情感共鸣，从而创造出和谐的交谈氛围。

真挚地关心对方是打造完美亲和力的方法之五。交际中，只要你投入了真挚的关爱，对方的心就会温暖起来——这样你们就会有更深入的交流，感情就会越来越近。

打造完美亲和力至关重要，这不仅会给你带来更多的好人缘，也会为你人生的成功铺路。

学会倾听，了解对方想法后再表达

我们每个人都希望被别人了解，所以才更愿意说话，去表现自己。但是，我们要知道，话太多只会让别人反感。其实，我们更应该做的是设身处地地为他人着想，站在对方的角度去思考问题，多听少说，才会让身边人看到你的尊重。

很久以前，有一个小国派来使者到大国朝拜，这名使者带来了三个一模一样的小金人，活灵活现，皇帝非常高兴。使者不仅送来了三个金人，而且还提出了一个问题："这三个金人哪个最有价值？"

皇帝想了很多办法，命人去称三个金人的重量，并且让能工巧匠去研究小金人的做工，但是，比较了半天，也没发现这三个金人任何差别，皇帝这下就着急了，泱泱大国怎么能连小国的问题都答不出来？

这时，有一位大臣站了出来，他准备了三根稻草，稻草插入第一个金人耳朵里的时候，就从另外一只耳朵里出来了；稻草插到第二个金人耳朵里的时候，就从嘴巴里出来了；稻草插入第三个金人耳朵里的时候，就到了肚子里，再也没出来。

大臣说："第三个金人最有价值！"

皇帝如有所悟，奖赏了大臣。使者听闻皇帝的答案，也是点头称是："真

正有能力的人，是会倾听，会思考的人，而不一定是最能说的人。”

最有价值的人不一定是最能说的人，老天给了我们一张嘴巴和两只耳朵，为的就是要我们少说多听。生活中，我们要善于倾听，只有用心去倾听，才能及时了解到别人的想法，善于倾听，才是一个人成熟的表现。

有些人认为，自己说话越多，就显得越有才华，其实，这种想法是错误的。真正有大智慧的人绝不会总是滔滔不绝，而是会花更多的时间用心去倾听。倾听是好口才的前提，但也要有侧重点，要学会过滤，这样，倾听的重要作用才能发挥出来。

倾听是一种智慧。当你在意某个人的时候，你才会愿意静下心来倾听；反之，如果你对这个人不怎么看重，也就不会有这样的耐心了。倾听更是一种慈悲，因为你可以站在对方的立场去思考问题，去帮助对方解决问题，这才是真正的朋友应该做的。

舍弃不必要的话语，认真倾听，我们才能听懂一个人的心。等到我们专心听完对方说的话之后再发言，就会显得更有力度。放下说话的冲动，先去倾听，听到别人的需求，才能用最简单的话语打动对方。

倾听可以让我们感受到对方心底的声音，如果我们只是滔滔不绝去说，只会让最真实的声音消失。倾听可以给别人一种随和的感觉，还可以让别人感觉到你的真诚。人活在世上，善于倾听很重要，这样，别人才会从心底注意到你。倾听是我们每个人内心的需求，我们需要别人了解自己，需要朋友知心，最重要的就是需要对方的倾听与理解。

俯下身去倾听，往往可以听到别人心底的声音，不管如何，你愿意听，对方愿意说，这样，才能让彼此之间的关系更加融洽。我们不要过于虚荣，总想展现自己，这样只会让我们失去别人的尊重，如果长此以往，我们就会失去越来越多的朋友。

知人知面莫如知心，知心要从哪里开始？知心就要从倾听开始，倾听是了解一个人的最佳方式，能让你在最短的时间里了解别人，通过倾听，我们才能获得越来越多的朋友，而成功也才会在下一秒钟出现。

第七章

回绝而不让对方生气，是一种高超的表达方式

会回绝的人，生活中烦恼更少

在日常生活中，我们都不可避免地会遇到需要回绝的人或事，面对别人提出的不合理要求或者自己不愿意去做的事情，我们需要大声说“不”，不要忍受欺负，不要总是对别人言听计从。不过，回绝的方式却是需要考量的，直接的回绝将意味着对他人意愿或行为的一种否定，无形中会打击对方的自信心，甚至伤害对方的自尊心。那么，如何保全双方的面子，又巧妙地达到回绝的目的呢？我们可以通过语言来向对方暗示“回绝”，回绝也是一种艺术，这样既能达到巧妙回绝的目的，又不至于让对方心里产生不快的情绪，这才是最高明的回绝。某些时候，我们不得不说“不”，当然，回绝并不是以伤害他人为目的，而是以和为贵，尽量在保全双方面子的前提之下进行。

一位男青年被女播音员优美动听的声音吸引，来信希望见一见播音员本人，对此，播音员回信说：“这位听众朋友，首先，我了解你的心情，感谢你的好意。你听过‘知人知面不知心’这句格言吧，看来，交朋友最难的是交心。那么，还是让我们做知心的朋友吧！”通过语言暗示“回绝”，而且回绝方式极其婉转，回应了男青年提出的无理要求。

除了普通人的回绝方式，我们还可以看看世界上一些名人是如何回绝他人的。

萧伯纳很有才情，因此很受女士欢迎。有一天，他收到了女舞蹈家邓肯的一封信，信中写了邓肯对萧伯纳的爱慕之情，并委婉地写着：“若是我们结合在一起，我们的孩子将拥有像你一样的脑袋和像我一样的身材，那将是多么美妙的一件事情啊！”萧伯纳看完了信，立刻给邓肯回了一封，在信中，萧伯纳幽默而委婉地表达了自己的回绝之情，但他是这样写的：“我觉得我们的孩子也许不会那么好命，若是他拥有了像我一样的身材，像你一样的脑袋，那岂不是很糟糕！”

邓肯看了萧伯纳的信后，明白了萧伯纳回绝了她，她很失望，但却一点也不恨萧伯纳，反而成为了他最忠实的读者兼好友。

回绝的话一向都不好说，说得不好很容易扫了对方面子，或者让自己陷入尴尬境地。所以，我们在回绝他人时，需要讲究策略，最关键的一点就是用含蓄委婉的语言来传达“回绝”的心理。

在回绝的时候，我们需要考虑到对方的面子，而幽默的回绝恰好可以巧妙地体现这一点，用幽默的方式来回绝对方，让对方在毫无准备的大笑中“失望”。比如面对同事相约去钓鱼的要求，“妻管严”丈夫回答“其实我是个钓鱼迷，很想去的，可结婚以后，周末就经常被没收了”，同事哈哈大笑，也就不再勉强他了。

著名的意大利音乐家罗西尼生于1792年2月29日，这个日子很奇特，因为每四年才有一个闰年，也就是每四年才有2月29日这一天，而罗西尼也就每四年才能过一次生日。当他过第18个生日的时候，已经是72岁了。生日前一天，罗西尼的朋友们告诉他，他们一起凑了两万法郎，准备为他建一座纪念碑。罗西尼听了以后，大喊道："干嘛浪费这个钱啊！你们把钱给我，我自己站在那里就行。"

罗西尼本来就不同意朋友的做法，但他并没有正面回绝，反而提出一个不合理的想法，含蓄地指出朋友的做法太奢侈了，点明了这种做法的不合理性。回绝是需要讲究技巧的，尤其是语言上的诀窍之处，只有掌握了这些技巧，才既不得罪人，又能让别人欣然接受。

如果有时你真不知道如何回绝他人，还可以学会借助他人之口说出回绝的话。比如利用公司或者上司的名义进行回绝，"前几天董事长刚宣布，不准任何顾客进仓库，我怎么能带你去呢"，或者说"这件事我做不了主，我会把你的要求向领导反映一下，好吗"。这一技巧，我们将在下一节中详细讨论。

换个思路，借用别人的意思回绝

身在职场，我们会遇到各种各样的情形。有时候是客户提出无法企及的要求，有时候是同事提出苛刻要求。面对这些问题，经常我们会无比被动：回绝虽好，但稍不留意就会引得对方不高兴；违心顺从，结果到头来自己却承担所有后果。

例如，电话那头的客户喊道："我今天下午3点前一定要看到方案！"但事实上，你不过在早上11点钟才接到任务，而这个任务又需要至少5个小时的观察报告。

再如，你的一个同事说："你一定要帮我啊！我明天早上必须交这份报告，可是现在我一个字也没有写！"

面对这样的要求，很多人最终都是无奈地应承下来，然后拼命去完成。但结果呢？因为过于仓促的原因，即便勉强完成却漏洞百出，结果到头来自己受埋怨或是领导指责你工作不认真，或是同事抱怨你做得不行。

这时候，也许我们会这样对自己说："唉，真后悔啊！早知道就回绝了！不过，我该怎么回绝呢？唉，头疼，头疼！"

其实，你已经意识到了这件事必须回绝，但是因为种种原因，你还是无法说出口，这才导致了最后的问题。事实上，其实我们只要换一个思路，借用别人的意思来回绝，那么很可能会起到很好的效果。

孙艳超是一名销售经理，这天，他正在和一名客户谈一笔生意。这时，他的电话不合时宜地响了起来。孙艳超一看，是前一段成功签约的另一位大客户。因为当前这位客户只有一间办公室，所以他没办法出去接电话，只好直接接了起来。结果，对方在电话里声称自己要废除已经签订的购买合同，并且信誓旦旦，似乎没有一点会回转的意思。

孙艳超不知道面前的这位客户是否听到了对话，他不免有些紧张。毕竟，此时他受到了双方面的压力，一方面是要解决老客户的问题，另一方面还不能让新客户听出来其中的事情。灵机一动，孙艳超说："您的意思我明白了，不过，我此时正在和一位朋友谈一件非常重要的事情，这会儿他正让我去打印一份东西，并且马上就要提交报告了，让我不能有一会儿耽搁。此时的确没办法和您做太多的细节沟通。这样吧，稍晚两个小时，我给您回过去，可以吗？"

听到他这样说，电话那头也不再坚持，态度明显缓和了不少，同意了孙艳超的提议。就这样，孙艳超化解了难题，在此投入与客户的洽谈之中，并顺利签单。而因为经过了两个小时的考虑，之前的老客户情绪也平和了许多，所以不再坚持解除合同，而是将一些细节问题解决后，与孙艳超继续合作。

如果换成我们，会怎么做？恐怕一些脾气急的销售员，早已在电话中强调不可能取消合同。是的，我们的目的达到了：回绝了客户的不当要求，毕竟有合同在先；这样就会进一步惹恼老客户，并且还得罪新客户。毕竟，谁愿意和一个敢与客户争吵的公司签约呢？

庆幸的是，孙艳超很聪明，他没有生硬地回绝，而是借助所谓的"朋友"回绝对方，明确说明此时朋友有要紧之事需要办，暂时很难做进一步沟通，毕竟取消合同不是小事，不可能靠只言片语就解决的。

如果我们也采用这种方式，那么相信绝大多数的客户都会理解，然后在合适的时间继续谈。这样一来，孙艳超就得到了双重机会，既可以让新客户听出来“我很重要”的意思，也巧妙地回绝了其他事情。如此，新客户就会心生好感，因此签约顺利许多；而老客户也得到了暂时平息情绪的机会，为重新商谈创造了条件。

这就是借用别人进行回绝的妙处。利用这种方法进行回绝，看起来似乎有些推卸责任，但其实就是给对方这样一种暗示：不是我回绝你，而是因为还有人回绝你！让我解决了他，那么咱们的问题就可以继续！

人是一种社会动物，所以，必然会有各种的制约因素。那么，我们为什么不可以利用这一点，找到一个挡箭牌暂时挡一挡呢？这种方法，其实应用的场合有很多，我们不妨活学活用，用在自己的职场生涯中：

如果你是一名领导，有人拜托你帮忙，这时候，你不妨说：“做您这个决定，不是我自己可以拍板的，必须至少三位负责人通过才可以。我当然能够做做工作，但这个事情希望不大，因为我们也有我们的规矩，谁也不敢随便开这个口子，否则未来就会无休无止。”

如果你是一名采购，有人找到你希望你能从他那里采购，这时候，你不妨说：“我们已经和另一家公司签订了长期的定点合作合同，我不可能擅作主张更换供应商。”

如果有同事委托你做某一件事，这时候，你不妨说：“我真是挺想帮你的，但是老板说了，让我下午必须把这个活做完，否则就别干了！早上老板还给我发了一通脾气，你说我就是想帮你，又怎么过老板这一关？”

回绝，并不是由我造成的，把责任推给另外一人，这的确是一种推诿之词，但是却能很好地转移矛盾。一般人听到这样的答复，相信都不会再继续纠缠。这样的回绝，既容易被理解和接受，同时也会让自己表现出“想答应却不得不回绝”的无奈，从而争取到同情，因此自然不会有人再刁难你，让你能够全身而退。

回绝中添加幽默，不会伤害彼此友谊

在生活中，相信大多数朋友都遇到过朋友开口找你借钱的事。而如果是关系不错，或者信誉很好的朋友时，你若是手头比较宽裕，借钱当然没有问题。俗话说，好借好还，再借不难。但是，通常好借肯定不会好还。而最后当你不断催促对方还钱时，不仅损失了金钱，最后两人还会因此失去了友谊。而那时，相信很多朋友会后悔，当初要是没借钱给他就好了。虽然大多数人有这样的懊悔，但当朋友开口借钱时，很多人却不知道如何巧妙地回绝，才能避免借钱，同时又不丧失两人的友情。

朋友借钱的时候，直接将回绝说出口似乎是很多人都难以做到的事情。因为感情因素，或因为个性关系，或因为情势所迫，没有委婉地把“不”说出来，善良的人常常会违背自己的意愿而借出自己辛苦积攒的钱财。

好朋友借钱一定也是有了难处，如果此人信誉一向较好，又是真的遇上了暂时的“财政窘境”，俗话说“救急不救穷”，不妨适当地借给他一些。但是如果对方信誉不好或者借钱的目的含糊其词，就要学会委婉地回绝对方。如何回绝才能既达到自己的目的，又不伤害朋友之间的和气呢?

前不久，宋子霖升职了，收入也大大提高，向她借钱的人也多了起来。按说一些小数目的钱她也很爽快，因为她一直性格直爽，也爱帮助朋友，但是一些朋友想做生意或者结婚买房向她借钱，一开口就是几万，这让她非常为难。虽然几万块还是能拿得出，但是毕竟不是个小数目，不借给朋友，面子上又过不去。

一次，宋子霖的一个朋友因为一些原因向她借钱，她就说："因为有买房子的打算，我的钱都存了定期存款，手头余钱不多。这样吧，我先看看我有多少，先借给你一些你应应急，要不我再问问我妈有没有余钱吧！"

朋友说："那哪好意思让你动你妈的钱啊！我再问问别人吧！"宋子霖就这样巧妙地躲过了朋友借钱的要求。

不想借给对方，又担心不能直言，不妨用用委婉的招数。当我们用委婉的语言回绝对方，显得很婉转、含蓄，更容易被朋友所接受。比如，你可以说："你怎么不早点说？我手里的余钱上个月刚给父母更换了老冰箱、老彩电。我真的想借你，可是我真的无能为力。"或者："哎哟，提起借钱的事，我这还欠着别人一笔钱没还呢。"再比如，你可以说："我婆婆生病了，需要用钱。"或者："我弟弟上大学，刚给他交了学费和生活费。"这样说不容易伤感情。

陈书嘉夫妻俩前些年双双失业，就向银行贷款做起了小买卖。两人披星戴月，苦干了两年，终于把贷款还清了，生意做得越来越好，收入也颇为可观，生活自然有了起色。陈书嘉有个中学同学叫宋志远，是个游手好闲的人，经常把钱扔在赌场或者新认识的女友上。前不久，宋志远新认识不久的女友偷偷卷着他的一大半钱财走了，他去赌场发泄郁闷又输了不少钱，就把眼睛瞄上了中学同学陈书嘉。

一日，宋志远找到陈书嘉说："我最近想开个小吃店，手头还缺七八千块钱，想在你这儿借点周转，过段时间就还。"陈书嘉了解这个发小的嗜好，知道他说的并不是实情，借给他钱，无疑是肉包子打狗——有去无回。陈书嘉敷衍着说："好！再过一段时间，等我有钱把银行到期的贷款还了，就借给你。银行的钱我可不敢拖，越拖越多啊。"宋志远听陈书嘉这么说，没有办法，也就答应着离开了。

有的时候可以用一些借口推脱朋友借钱的要求，或者跟朋友说以后借给他，知趣的朋友也就明白你的意思了，比如可以这样说："哎呀，你说你早开口，我就能帮上你了。这不，昨天我邻居家里老人生了病，急需用钱，就借给他应急了，现在手头没剩下多少了。这么着吧，等他把钱还我，我马上借给你。"

不过，有的时候找借口推脱，比如说"我的钱都被父母管着"只能让对方认为你摆明了不想借给他钱。所以说，如果为怎样回绝感到犯难的时候，不如直截了当，把你实际的难处说出来，让对方知道你回绝他的原因是什么，他一定会因此理解你的。

对于不拘小节善于幽默的人，可以用一句玩笑话表明自己经济上的不宽裕，比如"你看我的脸干净吧？我的兜里比脸还干净呢"或者"我还想向你借钱呢，现在看来也实现不了了呀"。

朋友既然来借钱，也一定会做好了被回绝的准备。有的时候，得罪对方的原因并不是你的回绝，而是你采取的回绝方式。回绝的方式得当，既不会伤和气，也能达到目的。多学几招，必定能从尴尬和为难中抽身而出。

不想去的聚会，没必要硬着头皮前往

相信每一位工作的人都会遇到同样的事，刚发薪水后，同事们总喜欢攒局，组织各种各样的聚会。这时候，你参加吧，工资不高，几次聚会下来，后半个月就要吃土了。你不参加吧，渐渐地，同事们就会觉得你不合群、孤傲，你在办公室也就没什么人缘了。

张磊最近就遇到了这种苦恼的事。张磊，大城市里的一个小职员，新婚半年。老婆还未怀孕，同样也是大城市的小职员。他们俩都是普通家庭的孩子，普通大学毕业，做着一份普通的工作，拿着一份普通的工资，过着和很多普通大众一样的生活。同样，也有着普通大众的烦恼——不太饱和的钱包。

普通的张磊，还有一点儿与普通的你我不太相同——他工作的单位年轻人特别多。年轻人多，自然聚会就多，张磊也是一个大男孩，经常跟着他们一起玩。但玩了一段时间后，张磊遇到了烦恼——钱包瘪了。年轻人有年轻人的好处，他们聚会都是AA制，但不管是AA制，还是有人做东的情况，作为同一个公司的同事，张磊不能总是白吃白喝别人的，一圈轮下来，张磊怎么着也得回请一下大家做个东吧？但不管是哪种方式，一段时间下来，张磊一个月的工资基本上就报销了。

可张磊还要养家啊！还要还房贷啊！还要买礼物哄老婆、丈母娘啊！还要攒钱生娃啊！于是，面对同事们又一次的邀请，他苦恼了。

其实张磊不是没想过回绝，而且，与他有着同样烦恼的也并非只有张磊一个人。比如他同一个办公室的兄弟也有这样的烦恼，两个人在一起时没少吐槽。但没办法啊，那兄弟说了，之前他有个同事（他比张磊早来公司两年），就是经常不参加同事间的聚会，最后大家都孤立他，说他性格孤僻的有之；说他清高的有之；说他小气舍不得钱的有之；说他怕老婆不像个男人的有之……总之，大家不但胡乱议论他，还没有人愿意跟他多交往。在同一个公司，低头不见抬头见，没有一个人愿意跟你多说话，没有一个人把你当朋友，你待着有意思吗？所以他没多久就辞职不干了。

因为同办公室的兄弟告诉张磊这些话，所以，在面对同事们的聚会邀约时，张磊就是再不情愿，若没有合理的理由，他还是不能回绝。

同事间的偶尔联谊，偶尔聚会，对联络感情确实有帮助，对身体及精神放松也有益，所以偶尔去参加一下，还是有必要的。但是，过于频繁的邀约尚且不说家里那位会有怨言，就是自己的钱包也吃不消啊。有张磊这种烦恼的人一定不在少数。

那么，对于张磊遇到的这种情况，或者是其他你不想参加的邀约，你该怎么回绝呢？

其实，面对这种同事的邀约并不是不能回绝（张磊办公室的兄弟讲的案例，恐怕回绝方法不得当，才造成人家在背后议论他，最后再被孤立），这里有两个建议，也许会对你有所帮助。

第一种办法，针对邀请者比你地位高的情况，你可以先恭维一下对方："谢谢您看得起我这个小兄弟（或新人），我很荣幸（同事间可以口语一些），但我某某工作还没有做完，还在加班中，实在是抽不出时间来。”你说得诚恳，且也对别人的邀约表示了感谢，理由亦充分，让别人说不出闲话来，我想对方必定不会强你所难了。

方法二，针对和你地位差不多的同事或哥们的邀请，你可以先肯定，再回绝。如：“哎呀，去吃烧烤啊，我好想去，好久没吃烧烤了。但是哥们，真对不起，我今天实在是有事去不了，下回吧，下回一定去。”

其实，回绝别人的邀约不是不可以，但万万不要直白地把人怼回去，以免让人心生“此人真不识好歹，好心好意约他一起吃饭，他还一副假清高”的想法。

你的回绝，切不可让对方陷入两难

每个人都有自尊，很多时候你会为了照顾别人的心情，不愿说出自己的真实想法，结果使自己陷入了进退两难的境地。给别人留情面固然重要，但是在照顾别人的同时也不能委屈了自己。

《三国演义》中有个十分有才华的人叫华歆，他曾经在吴国孙策手下任职。后来，孙权接替了孙策，但是他并无抱负，只想偏安江东。与此同时，曹操却挟天子以令诸侯，在积极招揽天下英才，华歆便是曹操盛情邀请的人才之一。

华歆决定去投奔曹操，他的朋友、同僚听说后，纷纷带着厚重的礼物登门拜别。这些人总共大概有一千多，仅馈赠的黄金就有数百两之多。

华歆一方面不想接受这些礼物，因为无功不受禄；另一方面，他不好当面拒绝，让人觉得自己不近人情。于是，他将礼物全收下了。

正式出发的日子到了，华歆家里热闹非凡，亲朋好友都来送行了。

华歆隆重地设宴款待大家，等到酒宴接近尾声的时候，他对所有客人说："我本来不想拒绝大家的好意，却没想到竟然收到了这么多礼物。可是，考虑到我这次单车远行，带着这么多贵重物品上路，恐怕太危险了。所以，各位的好意我心领了，礼物还是请大家各自带回吧。"

众人听后，知道华歆顾全了大家的尊严，于是只好将礼物带回，并且颂扬了华歆拒不收礼的美德。

华歆一开始为了顾全亲友的情面，接受了亲友的礼物，后来又当众含蓄地退回了礼物，大家不但没有责怪他，反而都对他敬佩有加，这就是拒绝的艺术。

我们在沟通中要注意拒绝的态度，既不能唯唯诺诺，又要在拒绝对方的同时给他足够的尊严。

如果想要拒绝对方，也不能把话说死，类似这样的话不要说："我们绝对不会跟你们合作。""我们要是跟你们这样的公司合作，那太阳都从西边出来了。"因为，把话说死，轻则让自己尴尬，重则让公司错失良机，蒙受损失。

所以，在接话时要懂得委婉地拒绝对方，比如："要不这样吧，你们把资料和联系方式留下，有消息我们及时通知你。""我们需要一点时间考虑一下，有结果我们会第一时间通知你。"

一家服装公司新设计了一批冬装款式，因为时髦且精致，一上市就被抢购一空。因此，公司决定赶快再购买一批原材料进行生产。这个消息不胫而走，很快就有一些毛纺厂的销售员来到公司，洽谈业务合作。

公司立即派出采购科的业务员李桐跟对方进行谈判。在洽谈过程中，李桐了解到，有一家毛纺厂最近不是很景气，就连老客户也纷纷离他们而去。

李桐想：跟这样的毛纺厂能合作吗？于是，他对毛纺厂业务员说："您可能要白跑一趟了，因为我们已经跟另一家毛纺厂签合同了。"

毛纺厂业务员见多识广，知道这是李桐的推诿之词，便试图打消他的顾虑："我们厂以前在业界很有名，后来因为卷入一起经济纠纷中，导致信誉受损。其实，我们还是有实力的，而且我们的材料绝对有保障。不信你看看，我特地带了一些材料来。”

毛纺厂业务员从背包里掏出几块上好的材料来。李桐看后，发现原料确实是上乘的，但还是觉得这家毛纺厂不够可靠，况且，还有几家不错的毛纺厂可供选择，所以不必去冒险。

于是，李桐很不耐烦地说：“你也别费劲了，就算你们的原料是最好的，做工是最精细的，我们也绝对不会跟你们合作。”

毛纺厂业务员很无奈，但他还是做了最后一次努力，递给李桐一份关于他们厂的详细资料，还有他自己策划的合作方案，然后微笑着说：“既然这样，我也不勉强了。我把这份资料留下，如果你们看后改变了主意，请跟我联系。”

李桐没再说什么，接过对方的资料，随手扔在了会议室。

不料，这份资料后来被经理看到了，他立即向李桐询问情况，李桐大致地说了那家毛纺厂现在的处境，并且以为经理会同意自己的做法。谁知，经理却说：“不用再跟其他毛纺厂谈了，就这家了。”

李桐只好硬着头皮联系那位毛纺厂业务员：“不知道你有没有空，方便的话，我们谈谈合作的事。”

毛纺厂业务员反问：“你不是说绝不会跟我们合作吗？”

这让李桐有点尴尬，他很不好意思地说：“抱歉，我把话说得太死了，差点错过了你们这么好的合作伙伴。”

可见，在沟通中不能把话说死，那样很可能是“搬起石头砸自己的脚”。商场瞬息万变，你永远不知道下一秒会发生什么，况且，人难免会有失误的时候，你不能保证自己永远正确。为了避免自己陷于被动，不妨接话时把话说得委婉一些。进退自如才是沟通中的明智之选。

谈判桌前，回绝时要拿出你的态度

在谈判桌上懂得回绝的艺术是为了不让自己陷入两难的境地，要学会回绝别人，同时也要学会避免被人回绝。

据说美国第三任总统托马斯·杰弗逊在刚刚步入社会时，曾经遭遇过这样的尴尬。

有一次杰弗逊的姑妈去看他，杰弗逊想请姑妈吃饭，但是让人尴尬的是他的口袋里仅剩50美元。他本来想带姑妈去一间小餐馆，但是姑妈却挑中了一家大餐馆，杰弗逊只得在心里暗暗叫苦，但还是硬着头皮走了进去。

两人在餐馆坐下后，姑妈开始点菜，并询问他的意见，他只是敷衍地告诉她："随便，点什么都行……"而此时他的心中极不平静，手伸进口袋里紧紧地握着那仅有的50美元，这些钱显然不够。怎么办？整个用餐的过程中，杰弗逊都表现得极不自然。

用完餐后，侍者拿来了账单，杰弗逊不知所措地接过账单。

这时，姑妈温和地笑着接过账单，把钱付给了侍者，然后对杰弗逊说："孩子，我知道你的尴尬和紧张，我一直在等着你说'不'，但是明明有很多次机会，你为什么迟迟不说呢？你要知道，有时候坚定地说出这个字，就是你最好的选择。我今天的行为就是想让你明白这个道理。"

后来杰弗逊说，这个“不”字正是他成为美国总统的重要基石。

杰弗逊的故事就告诉我们，想要说“不”就不要客气，坚决果断地说出来，有时候对自己来说更有利。尤其是在商务谈判的过程中，如果你明明对对手的某个条件不满，却又犹犹豫豫，“不”字总是说不出口，这样不仅会让自己陷入像杰弗逊一样的尴尬境地，还会让自己失去更多的利益。

你的犹豫，实际上是胆怯和懦弱的表现，当对手得知你这个致命的弱点后，必然会利用这个弱点。要知道，你的对手可不会像杰弗逊的姑妈帮助杰弗逊一样帮助你，他们只会趁这个机会掠夺你，为自己争取更多的利益。

一个在谈判中不敢说“不”的人，是无法成为一个优秀的谈判者的，甚至会被人认为是一个不合格的谈判员。因为这样的人不可能会赢过对方，只会在不断地妥协与退让中，眼看着自己的利益被对方一点点地吞噬。

因此，想要成为一个优秀的商务谈判员，就应该在必要的时候，毫不客气地对对手说“不”，这样做不仅不会给你带来任何损失，相反还会为你争取更多的利益，尤其是当对方提出的条件有些离谱时，更应该这么做。

斯蒂文经营着一家小公司，本来生意不错，但是由于金融风暴的影响，公司资金周转困难。

就在这时，一家规模较大的公司主动提供帮助，但这种帮助并不是无偿的。对方提出了两个条件：第一，公司渡过难关后，必须转让50%的股份；第二，公司必须更名，成为其公司的一个子公司。

当对方提出这些条件时，斯蒂文立即说：“这绝不可能！我的公司只是暂时陷入了困境，相信以我的能力，一定能解决这个问题。你们的条件太苛刻，

这完全是变相收购我的公司，无异于趁火打劫。”

对方原本以为斯蒂文在面临这种困境时会妥协退让，所以提出了这么高的条件，没想到斯蒂文如此坚决地回绝了他。但是对方又非常看好斯蒂文的公司，同时也得知还有一家公司正计划帮助斯蒂文。因此决定调整自己的谈判计划，重新拟订了一份新的协议书，修改了前面两项条件。斯蒂文看过后，觉得对方的条件合情合理，这才同对方签订了协议。

其实，很多人在面对斯蒂文这种情况时，很容易妥协退让，毕竟自己处于劣势地位。但是斯蒂文坚决地回绝了对方，果断地向对方说“不”，让对方不得不更换条件。这样就在本身处于劣势的情况下，为自己的公司尽可能地争取了更多的利益。

在谈判时，我们要知道在谈判桌上最忌讳的就是“让”，因为很可能你让一分，对方反而会要求三分，这就意味着你失去的利益会更多。因此，我们也要向斯蒂文学习，在该回绝时，就要坚决地说“不”，绝不退让。

若真不知如何回绝，那就打个“马虎眼”

你是不是以为回绝别人就一定要板起脸，做出一副割袍断义的架势，从此与对方老死不相往来？

你是不是以为说“不”的时候，一定要把“不”字加好几个级别的重音，不杀气腾腾就唬不住对方？

你是不是觉得那些总能成功回绝别人的人，天生一副包公脸，脸往下一拉就可以直接贴到门上当钟馗？

然后，你是不是觉得自己完全做不到这样，既不具备先天的扑克脸，又不具备后天的强大气场，因此，你注定是个不会说“不”的人，注定在不会回绝的困境里一条道走到黑？

我们来看看阿蜜的故事。

阿蜜是我见过的最会“打马虎眼”的人，没有什么事是她不能用“打马虎眼”来解决的，她的情商高到让人只能仰望。

阿蜜的人缘很好，她广交朋友，也经常有人找她帮忙，向她提要求。她未必都答应。但即使不答应，她也从不得罪人，这都得益于她的高情商。她回绝人的时候，从不拉着脸，不说狠话；要么装疯卖傻，要么笑眯眯；在别人还没察觉的时候，就把人拒之千里了。

比如，在阿蜜还没男朋友的时候，一次回老家，亲戚朋友遇见她难免问：“你有男朋友了吗？”

她很淡定地回答：“现在没有。”

然后人家说：“我给你介绍个小伙子吧，很不错的，跟你特别般配。”

阿蜜笑嘻嘻地说：“我只是说现在没有，我正在积极地找，说不定过两天就有了。不过你这么为我操心，我真是太感动了，谢谢你！”

对方只好闭嘴，略有遗憾地放弃了当她的媒婆的想法，心里明白是被她回绝了，可又并不感到难堪，反而得到了感谢！

很多时候，看起来有好处的事情，其实是火坑。

很多时候，看起来愚蠢的表现，恰好是聪明。

林志玲也是娱乐圈公认的高情商女子，屈腿与矮个子握手都不算什么，最厉害的是，在她还没结婚的时候，有一次她被传绯闻，有记者问她：“是不是有男人在追你？”

换作是其他明星，肯定就会直接否认了，如果是以有个性著称的王菲，说不定还拽拽地来一句：“关你什么事？”可是林志玲就不逃避、也不得罪记者，无比真诚、无比愉快地承认：“有啊有啊，时间在追我！”

谁都知道她在“打马虎眼”，谁都知道她在回绝回答，可是，如果你是记者，这个问题你还会追问下去吗？

有人说这是虚伪、做作，也有人说这是圆滑、世故，我倒认为，这是一种修养，也可以说这是一种能力。

虽然我平时总是横冲直撞，也经常教大家不要太懦弱，不要过于照顾别人的面子，但并不代表我不欣赏能够更圆润地处理问题、避免冲突、化解矛盾的人。能够用玉帛免于干戈，是一种大智慧。

所以，当你觉得自己不会说“不”，担心回绝别人就会得罪对方的时候，不妨试试“打马虎眼”的方式吧，偶尔当一只“笑面虎”，不动声色地回绝，不也很好吗?

通过“打马虎眼”的方式回绝别人，有以下三个技术要点。

1.不用否定词，也能表达否定的意思

就像骂人不是非得用脏字，杀人不是非得动刀子，回绝别人，也不是非说“不”不可。

否定词容易引起别人的反感，又显得你十分不近人情，能少用就少用，能不用就不用。但是，回绝的意思一定要表达出来。

比如，有人请你参加某个活动，你不想去，可以不必直接说自己不去，而是说自己很想去，可惜那天已经有了别的安排，改不了日程，只能遗憾地放弃了。

2.带着对方绕圈子

遇到一些不便回绝、但又不能不回绝的人和事，怎么办?那就带着对方绕圈子。

把话题岔开，尽量偏离主题，甚至可以表现出思路不清晰的“糊涂”样子，让对方觉得你讨论问题不得要领，做事也一定不利落，然后主动放弃对你的要求。这叫装傻。傻子是最安全的。毕竟，谁愿意把希望寄托在一个傻子身上呢!

有些不能装傻的情况，那就拖延答复时间，这是时间上的绕圈子。

如果对方在跟你打电话，不妨假装突然有急事或信号不好，暂时挂断电话，冷静下来思考一下如何回绝对方。如果对方跟你面对面，就假托要先回家看看日程表或跟家人商量，其目的也是给自己缓冲的机会，想出更好的回绝方法。

答复的时间当然不必太及时，对方见你迟迟不答复，有可能等不及了找别人去了，有可能他自己都忘了这回事。

3.用笑脸堵住对方的责难

此处必须要套用一句话了，“伸手不打笑脸人”。会打马虎眼的人，都是老狐狸，笑眯眯的如春风般温暖和煦，但就是不随便“送温暖”。笑容可以无限量地免费赠送，让对方在笑容的包围下如沐春风，自然就不好意思责难你的回绝了。

第八章

没人天生会表达，通过练习提升你的语言层次

社交场合多练习，你也能成为表达高手

在社交场合，最重要的是表达。很多人恐惧社交，根源就在于不知道如何去表达。其实，表达是门技术活，熟能生巧，表达技巧也需多加练习，这样用起来才能得心应手。没事多和朋友接触，找机会练习表达技巧。

学会表达这门技巧，不仅要熟读语言学的书籍，还要活学活用，使自己成为社交场上的表达高手。懂得表达并不表示你会运用它，学会了理论上的表达，还需要到真实的情景中去实践。

李聪和孙莉都是刚毕业的大学生，是同时应聘进入同一家公司的。李聪在销售部做业务员，孙莉在人事部做普通文员。

李聪性格外向、开朗、健谈、豪爽，而孙莉性格内向、害羞、不合群、不善言谈、不善表达。

刚到公司不久，李聪就和公司各个部门的人都熟络起来了。哪个部门的同事结婚，他都会参加并随份子，哪个部门的同事过生日开Party，他也不会缺席。

李聪还主动地组织自己部门的同事去游玩，去歌厅里K歌。公司大大小小的活动他都会参加，而孙莉却从不参加这些活动。

有一次，孙莉很羡慕地对李聪说："真羡慕你，那么懂人际上的事儿，什么场合、什么活动你都能参加。"

李聪和善地微笑着说："你错了。我和你一样刚大学毕业，一点社会经验也没有，也不懂得表达。但是正因为不懂，我才要参加大大小小的活动，从与同事和朋友的交往中学习、实践呀。"

孙莉明白了其中的深意，然后对李聪说："你真聪明。我还以为是你性格的原因，天生就有好人缘呢。"

李聪真诚地笑笑说："谁生下来就会表达呢？不都得多学习勤练习嘛。表达是门技术活，只有多练习才能熟能生巧。你得像我一样多和同事、朋友接触，多多练习表达这门技巧，才能真正学会表达。"

后来，在李聪的鼓励下，孙莉开始不断到各种场合参加各种活动，以此来练习表达的技巧。

在表达理论方面大有心得的人并不一定就会表达得很好。理由很简单，这种人缺乏实践。要想真正成为一名表达高手，就得在不同的社交场合练习。

表达是人与人之间的交往。所以要想学表达，你就得有交往的对象。与交往的对象互动起来，才能锻炼你的表达技巧，而且还能从对方身上学到更多的表达方式和技巧。

表达是一个互动的过程。你从书上学习表达理论，然后运用到现实中去，这就是实践。多实践几次，这就是练习。久而久之，表达的练习量达到了一定的数量，你在表达中就会有质的改变和飞跃。

要想学好表达这门技术，最关键的是需要平时留心，寻找机会不断地练习。就算你有好的天赋，却不勤奋练习，也照样不能学好表达这门技术。可见不断地练习才是达到精通表达的必经之路。

在社交中不断练习，学会表达，才能在社交中得心应手，运用自如，才能让表达成为你的事业前进中的推动力。

何欢是一个刚进入大学校门的新生。十几年的埋头苦读，让何欢变成了一个沉默寡言的女孩。当她进入大学生活之后，才意识到自己在人际交往中的欠缺是相当大的。所以，她下定决心要改变自己，让自己学会表达，这样以后到了社会上才能更好地与人交往。

何欢从同学和朋友中找到最擅长表达的苏悦，然后悄悄跟着苏悦学真人版的表达学。苏悦参加什么活动，何欢就参加什么活动。苏悦跟什么样的人说什么样的话，何欢就分析并研究苏悦的语言。同时，何欢还研究苏悦的行为、礼仪、穿着、面部表情，等等。

何欢不仅学习苏悦的表达技巧，还在与人的日常生活交往中不断地去练习。她通过不断的学习、练习，慢慢地开始有了收获。

大学四年之后，当何欢即将进入社会之时，她已在有意识地训练自己的表达中取得了成绩，成为一个实践中的表达高手。

表达需要有交往的人群，这样也形成了不同的交际场合。不同的场合可以学习并练习不同的表达技术。

在办公室中，在与同事的交往中，就可以默默地练习你的表达技术。

比如，在与上级的接触中要练习谦卑有礼、尊爱有加的表达；在与同事的接触中要练习平等互助、团结友善的表达：在与下级的接触中要练习体谅关爱、威严有度的表达。在这些交往中，都可以练习你从书中或别人那里学到的表达方式。

在朋友聚会中，你不能只接触与自己合得来的朋友。要和不同类型的朋友接触，这样才能让你的交际面打开，变得广阔，才能更大限度地练习你学来的表达技术。

对不同的同事或朋友，要区别对待，也就是用不同的表达方式去交往不同的人。在这些不同的表达方式中，你可以练习到不同的表达技巧，还能从同事、朋友的身上学到他们各自独特的表达技巧。

在家中，当你面对家人的时候，也许你会觉得不需要表达了，其实这是错误的理念。家人的性格也是各不相同的，你也需要选择不同的表达方式。恰当的表达技巧的运用，可以促进家庭的和睦、和谐。

在一些商务表达中，你面对的人往往是千差万别的，你要恰到好处地运用并练习表达技巧。这些商务交际场合，往往很注重礼仪、礼节，所以，这是练习这些礼节性表达的好机会。

表达技术的练习就是学以致用的过程。在交际中练习，再运用到交际中去，让你左右逢源，如鱼得水。

术业有专攻，做一个单项冠军

当我们想扩大社交中的人脉圈，希望自己能够获得大家的喜爱，什么事情都能做到面面俱到时，你会发现有时候结果却是哪儿都不讨好。

其实，我们的努力不一定能得到所有人的认可，但只要自己尽了最大的努力就可以了。因为，每个人的个性不同，就算你再好，也会有人不喜欢你，所以你不必强求自己做到让每个人都满意。

任何人做事情都不可能做到完美，世界上也没有把任何事情都做到完美的“全能者”，就像体育竞技一样，有人擅长跳马，有人擅长走平衡木，有人擅长艺术体操……

所谓“术业有专攻”，只有集中精力才能做好每一件事——而如果分散精力去做很多事，那最终可能会导致一事无成。一口吃不成个大胖子，即使你想做成很多事，也得一步一步来——只有把每一步都走好了，你才有可能成功。

张羽上大学时学的是软件编程，可他总觉得这个专业不适合自己，所以从未认真学过，但他又不知道自己该学些什么。

一次，他路过一间教室的时候，发现里面正在上动画设计课。他心想，自己学的专业也跟这个专业沾边，倒不如学学这个，而且学好了将来可以进入高薪行业。

于是，他就开始自学动画设计，但学了没多久，他觉得这也不适合自己。因为，他根本没有美术基础，做出来的动画形象不符合现实生活中的动作效果，况且自学美术也不现实，他又放弃了学动画设计。

后来，张羽突然想到影视后期也跟计算机专业沾边，而且不需要动画基础，只学软件就行了，还比学编程快，学成以后一定很好找工作。可是学了没有几天，他发现影视后期虽然比较简单易学，但由于一些规律他并不清楚，因此剪出来的片子都不能看。

在大学四年里，张羽不断地寻找着适合自己的专业，他虽然学习了很多课程，可没有一门课程是精通的。而且，由于他把大量时间都花在了学别的课程上，导致专业课没学好，毕业后找工作时异常困难。

张羽这才发现，自己荒废了大学的四年好时光。

有时候我们想抓住所有的东西，结果可能什么也抓不住。想把每件事情都做好是不可能的，且不说每个人都会犯错，只说精力方面，你想面面俱到只会忙得上气不接下气。正因如此，我们只有把最主要的事情做好，才能够获得成功。

就像那句广告词说的：“没有最好，只有更好。”我们只能不断地努力去做更好的自己，却不能达到最好的程度。因此，我们只要抓住自己的擅长点，在这一方面下功夫就可以了。是的，尽管这个世界上没有全能冠军，但是我们可以在团队里做一个单项冠军。

强大的知识储备，是提升表达力的基础

通常来说，人们的各种才能都是由知识转化而来的。知识量的多少决定了人们才能的多少，决定了人们才能的大小。沟通能力同样需要知识的积累。虽然知识量丰富的人未必就具备良好的沟通能力，但是知识储备是沟通的一个重要前提，毕竟只有先做到“有话可说”，才能做到“把话说好”。一个人口才的好坏，沟通方式是否成熟，首先取决于他知识的多少、深浅和完善程度。

人们往往会认为沟通能力的大小取决于沟通技巧，因此在试图提升个人沟通能力的时候，多数人都会觉得自己只要注意学习和掌握沟通技巧，就能够有效提升沟通能力。这就导致人们对沟通的认识产生了偏差，对于沟通能力也产生了肤浅的认识。一味追求技巧，讲究方式，容易陷入“低级趣味”的模式当中。就像有的人牙尖嘴利，喜欢胡乱开别人玩笑一样，这样的人并不真正具备高效沟通的能力，而是单纯地“能说会道”而已。

真正出色的沟通者往往具备强大的知识储备。他们学识渊博、能力出众，或者至少在专业领域内拥有丰富的知识量，而且知识水平比一般人要高出很多。换句话说，人们所掌握的丰富知识实际上是一种强大的铺垫。这种铺垫可以让沟通者变得更加从容，更具魅力，而且这种魅力是由内而外散发出来的，而不是简单地依靠嘴上功夫取悦于人。如果对全世界顶级的演讲大师以及出色的沟通者进行分析，就会发现他们大都称得上学识渊博，至少在专业领域内非常突出。

华为老总任正非是一个沟通能力、演说能力非常出众的企业家。他出色的演说能力并不是建立在职位和名声的基础上的，而在于知识的积累。任正非是一个非常喜欢阅读的人，同其他企业家只是将办公室打造成一个书库，并且将书本用来摆放和装饰不同的是，任正非虽然非常忙碌，但每天花在阅读上的时间并不少。有时候他飞到外地去开会或者视察，也会在飞机上看两三个小时的书。有关政治、经济、文艺等各个方面的书籍，他都有所涉猎。丰富而多元化的知识让他在应对各种沟通场景、沟通对象时都显得游刃有余。

任正非不仅自己喜欢读书，也倡导员工多读书。他曾经给员工家属写过一封信，其中有一段就是谈读书。他在信中说："不要以为过了学生的时代，就不用读书了，要让读书成为生活的一部分。"他还经常给高管们推荐一些非常有价值的书籍，并定期进行考核。

知识量的多少对于人们的沟通效率有很大的影响，因此如果人们想要提升自己的沟通能力，就不要仅仅将目光停留在技巧的提升上，而应该花更多时间提升内涵。因此人们应该多读书，多看书，多学习更多的知识。一般情况下，最好多读一些历史、文学、心理学等方面的书籍。其中研读历史可以启发个人的智慧，提升谈话的高度，扩大个人的视野；读文学书籍可以陶冶情操，确保谈话的修养和内涵，让自己变成一个更加充实的人；读心理学书籍的目的则是掌握察言观色和迎合人心的方法，从而方便拉近彼此之间的距离；阅读管理类和经济类的书籍，可以提升话题的现实性。其他方面的书籍也具有各自的功效。

除了阅读之外，平时也要注意从生活中接受各种各样的知识，比如学习他人的生活经验和工作经验。沟通能力出色的人往往拥有丰富的生活阅历和强大的学习能力，他们比普通人更加专注生活，了解生活的各类信息。许多有价值的信息和知识都会被他们记录下来，并转化成自己的生活经验以及沟通交流的素材。

知识的学习和吸收并没有特定的范围可言，只要觉得对方提供的信息有价值，就可以大胆地吸收。有时候人们会将关注点放在技能的学习上，放在生活经验、工作经验、做事态度、做事方法的学习上，却不知道这些知识的学习可以充实自己的话题。

马云是一个非常高效的沟通者，他平时就喜欢和各种人打交道，和各种人进行交流，从而学习不同的知识，丰富和拓展自己的视野。他会从微软创始人比尔・盖茨那儿学习经商和管理的知识，从娱乐明星那儿了解表演的知识以及其他有趣的事情。各种繁杂的知识构成了马云巨大的知识库，并为他出色的表达能力源源不断地提供丰富的资料。

增强独特性，凸显自己的与众不同

心理学中有个莱斯托夫效应，指的是相对于普通事物，人们记住独特或特殊事物的可能性更大。比如提起中国，人们就会想到长城；说到美国，人们就会联想到自由女神像一样。长城和自由女神像在整个世界都只有一个，而且它们很独特，所以会被人们记住，哪怕只是一个三岁的小孩子也会知道。其实，类似的例子很多，而它们所呈现的规律正是莱斯托夫效应。莱斯托夫效应，很大程度上是和人们的记忆特征有关。人们对于身边很多事情的记忆都是无意识的结果，也就是说，没有使用任何记忆方法，也没有刻意提醒自己是否要记住它。所以说，类似的记忆都带有很强的偶然性。这就可以解释为什么曾经在某个场合见过的两个人，若干年后只记得其中一个。

阿玉的脸绝对算不上最漂亮的，身材也比较平板，但这并不妨碍她成为办公室里最美丽的一道风景线。在办公室里，她是大家公认的最会穿衣服的女人，在很多时候，看她穿衣服其实是一种享受。

阿玉的穿衣哲学是拒绝奢华，她非常鄙夷买名牌，她觉得奢侈的名牌不容易凸显个性，也容易撞衫。对此，她对大街上那些琳琅满目的品牌并没有特别的喜好，也不会在意价钱，最重要的是服装本身的价值。穿衣搭配在阿玉这里已经到了不费吹灰之力的程度了，她常常将几个品牌一起混搭，穿出自己的

个性。

当然，如此有个性的女人人缘自然好了。男同事为了更好地欣赏她，会不时地在工作中帮点小忙；而女同事为了学习她的穿衣哲学，常常是帮她做这做那。基本上，办公室里一说到她的名字，那可谓是“无人不知、无人不晓”。

有时候，闪光点也是可以制造的，聪明的阿玉就为自己制造了一个靓丽的闪光点，并且收到了良好的莱斯托夫效应。在人际交往中，人们首先看到的是一个人的外表、长相、身材、服饰等，这会让他们产生一定的心理感应。而在这些特征中，最容易变换、最讲究技巧的就是服饰。如果你要想在谈判场合中脱颖而出，那么，就以穿衣技巧为突破口，制造莱斯托夫效应吧。

很多人为了让自己被他人记住，往往会在言谈上刻意表现，或者在服饰上力求新颖。有些人可能会认为自己没有个性，或者不清楚自己的个性究竟是什么，其实这是一种对自身的误解。事实上，眼睛很漂亮、眉毛很动人、微笑很甜美、说话很自信、谈吐很幽默等都可以作为自身个性的一部分。如果这些你依然认为不足以彰显个性，那么，美国前国务卿马德琳·奥尔布赖特女士的“胸针外交”绝对堪称这方面的典范。

一般人眼里，外交官多是这种形象：穿衣必西装革履，说话必字斟句酌，行事必周全谨慎。但奥尔布赖特就像是一个异类：身材矮小、体型微胖，外貌一点也不出众；说起话来总是单刀直入，而且咄咄逼人。不过，就是这样一位“不入流”的外交官却可以在20世纪90年代风起云涌的国际舞台上挥洒自如，而她的“胸针外交”更是成为美国外交史上的范本。

奥尔布赖特有一个专门装胸针的首饰盒，每次谈话或谈判之前，她都会从中挑选一枚最适合当日气氛的胸针，既委婉地表达外交意向与态度，又传递着自己的情绪。她的胸针，正如她所言，就是自己的“武器库”。担任国务卿期间，她通常会戴古董鹰胸针；与朝鲜领导人金正日合影时，她戴的是美国国旗胸针；当俄罗斯闹出窃听事件后，她戴着甲虫胸针去见对方外长；在美国国会就中国问题作证时，她戴的是龙形胸针；在向卢旺达种族灭绝大屠杀中的遇难者致敬时，她戴上了和平鸽胸针……她的每个胸针都有特别的意思。

有时候，就连硬汉普京都得看这些胸针的“脸色”。1997年，奥尔布赖特以国务卿身份出访俄罗斯，当时，两国正因车臣问题闹不愉快。第一次和普京见面，奥尔布赖特戴了一枚猴子胸针。普京凑上去问她的助理猴子胸针代表什么，助理回答：“猴子的天性是专横多于民主。”就这样，普京碰了一鼻子灰。

后来两国关系缓和，在太空领域达成了一系列合作，奥尔布赖特戴着一枚太空飞船胸针再次和普京会面，普京看着这枚应景的胸针笑着问：“这枚胸针是为了庆祝我们在太空领域的成功合作吧？”奥尔布赖特也笑了笑：“说得没错，你有时是猴子，有时又还原成了人。”

一枚小小的胸针，有时候在外交方面能起到四两拨千斤的作用，这是奥尔布赖特身为女性外交官特有的优势。她曾经说过这样一句话：“外交政策就是劝说他人做我们要做的事。”为达目的，可使用多种手段，“胸针外交”只不过是其中最简单的一种。奥尔布赖特拥有200多枚胸针，在她的“胸针字典”里，每一枚胸针都有特殊的含义。如今，当人们想起这位前国务卿的时候，可能忘记了她曾经的强悍风格，但绝对不会忘记她的胸针。

胸针对于奥尔布赖特而言，并不像容貌、身材一样，属于与生俱来的，这种个性是她自己赋予自己的，而且的确在与世界各地的领导人谈判的时候发挥了其应有的效果。所以，作为一个当众讲话的高手，如果想凸显自己的个性，也可以从服饰、发型，包括首饰等外在因素入手。

塑造好声音，表达时更能增添魅力

我们每个人的吸引力，都可以通过声音、外貌、行为方式和说话的内容等而得到放大和提升。我们要将信息传递给听众，那就离不开声音。我们能否和听众进行充分的交流，这完全取决于我们的口头表达能力和说话的技巧。人们的魅力大小与人的说话声音有着密切的关系。

我们的说话声音总是在发生着变化，其实它是随着我们自身的变化而变化的。它对我们如何感知自己、如何感知他人都有着深刻的影响。国外的一家权威调查机构通过问卷调查发现，高达九成的人都认为声音是一个人魅力最重要的构成部分。一个人讲话时的声音能否有足够的吸引力，和他受欢迎的程度有关，也和他社交上的成功有着密切的关系。其实，对于任何人而言，声音都可以真实地反映出他的教养和品性。

我们可以用自己的声音来争取听众的支持，让他们相信我们，或用声音赢得他们的尊敬、爱戴和信任。当然，我们也可以用自己的声音使听众精神振奋或昏昏欲睡，同时也可以疏远或吸引他们。

在1939年的时候，一部以《世界的战争》改编而成的广播剧，在美国轰动一时。虽然当时广播公开声明说这仅仅是一个戏剧而已，并不是真实事件，可是这家电台的覆盖面很广泛，再加上当时的主播的声音让人心情激动，结果全美国的人都着了迷。有成千上万的人听了这个广播就开始恐慌起来，因为他们相信广播中所讲述的事情是事实，他们觉得人类将要遭到火星人的入侵。

从这一点来看，优美动听的声音对增强我们自身的魅力有很大的帮助作用。

我们可以想想，为什么我们容易信任那些优秀的新闻播音员呢？原因很简单，因为优美的声音能带给人一种享受。声音有着很大的吸引力，所以优美的声音往往能吸引听众的注意力。

当今社会，有很多有才华的年轻人都接受过高等教育，毕业于名牌大学，他们学习着那些呆板而又死气沉沉的语言和语法，学习着自然科学、文学、艺术等多种科目，可就是没有学习怎么才能发出优美的声音。所以，我们从他们的声音中总能听出那些不和谐的音调，甚至有些感觉敏锐的人无法和这些年轻人进行正常谈话。

所以，若声音听着让人不适，即便有再多优点，也会大打折扣。

我们应该让自己的声音成为自身的优势，而不要让它成为我们的敌人。不论我们原来的声音怎么样，其实都可以通过练习来进行改变，从而让它体现出我们的魅力。所以，我们要明白，我们的听众所期待的是什么样的声音，当然就是容易让人听懂的与此同时还能让人愉悦的声音。

倘若我们的声音洋溢着纯洁、和谐、生气勃勃的气息，那么它就能强化我们的魅力。倘若每一个音节、每一个字符和每一个句子都能被我们清晰圆润地表达出来，而且显得抑扬顿挫、高低有致，这样的节奏感是非常美妙的。所以，我们要注意训练自己的声音，从而让自己拥有巨大的魅力，让更多的人喜欢我们，或者被我们所感染。

学习与思考，一个都不能少

在平时的生活中，如果你能当众和任何人连续谈话十分钟，并且让别人对你所说的内容产生兴趣，那你就是一个相当会交际的人了。只是每个人的社会阅历和人生经历都不相同，你面对的是一个复杂的人际网络，所以想要和每个人都能说上话就离不开你丰富的知识积累。这就是我们平时说到的谈资。只有不断地充实和更新我们的谈资，我们才能在各种场合下应对自如。

但知识本来就是一个包罗万象的烦琐体系，我们想要去积累它们为自己所用，又该从何下手呢？每个人都是处在社会之中的人，无论是集体的活动还是个体的行为，都与社会有着千丝万缕的联系。所以这也是我们学习积累知识的一个重要来源。一般而言，这种社会实践对于大多数人来说是最有效的积累方式。

现代社会遍地都是知识，就看我们善不善于发现和积累。大家都在追求快速高效，希望能在最短的时间里学到更多东西。但学习是一个长期的过程，积累也不是一天两天就能看到成效。那我们又该从哪些方面来入手呢？

首先就要说到我们平时接触最多的新闻了。现在不管我们走到哪里，了解新闻总是一件十分便利的事情。

有个人每次看到什么新闻以后，都会选择其中的一些要点和新闻描述进行背诵。这样在别人的聊天过程中，他就总是能轻易接住别人的话题，或者自己创造一个话题，之后让这个话题在聊天中变得更加深入。

上一次这位朋友去见一位年长的客户，面对这种年龄差距比较大的客户，一般人都会在与其聊天的过程中遭遇冷场。但他不仅没有让类似的尴尬发生在自己身上，还陪客户聊得很开心。回来以后，同事们问他今天在客户办公室和客户聊了什么，客户那么开心。

他淡淡一笑说，就是聊一些茶叶、茶壶、时事政治还有太极招式什么的。他的这句话把同事们说得一愣一愣的，因为这些领域对于我们来说是很生疏的领域。同事们连忙向他请教，他是如何能掌握这么多知识的。

他说，其实今天聊到太极的时候，那位客户提到了杨氏太极拳。关于这个他自己也不是很懂，但他记得有一次在电视上看到过一个短片，专门对此进行了介绍。而他正好跟着电视解说背下来一段介绍说词，今天聊到这个话题的时候，他只是将自己记得的一些内容说了出来，至于剩下的东西，就交给客户来说，他的一些观点也显得十分专业。说完之后，客户还很有成就感，所以会觉得今天的聊天很愉快。

除了对各个媒体上的新闻有敏锐的捕捉以外，他还给自己制订了一个长期的读书计划。在手机的备忘录里，他给自己清楚地列出了一个书单。而书的类型是多种多样的，政治、经济、历史、人文、小说、推理，他都有涉猎。在别人眼里，他聊天的时候从来不害怕冷场，所以他在公司的人缘相当好。

这种通过看新闻和读书学习的方式，有很强的操作性。每天抽出一点时间来给自己做专门的积累，慢慢地，你所学到的知识就会形成自己的体系，这样当你在聊天过程中涉及一些生疏话题的时候，就不会害怕接不上话了。

除了这些知识上的积累以外，还有最重要的一点就是要学会思考，这也是一种不容小觑的能力。有句话说的是："学而不思则罔。"这就是在强调思考的作用，如果你没有思考的习惯，那你就算是看完再多的书也没有什么用。

当然，思维能力的养成也不是一蹴而就的，需要长时间去积累。我们可以用读书笔记的方式来帮助自己养成思考的习惯，就是在看完一本书以后，写下自己对书里内容的理解。写完以后，还可以上网查一下别人在网上的相关评论，这就是一个交流的过程。在与别人的思想碰撞中找到自己想法上的漏洞，这样才能让自己不断地进步。

公司最近有一个重大活动，需要邀请一位知名教授来做专业演讲。这个任务落到了阿荣身上，他托了很多关系，终于争取来了一次和教授见面的机会。但是在见面之前，阿荣心里并没有底气能够说服教授前来，为了让自己顺利完成这个任务，也为了快速拉近自己与教授的距离，让自己在见面的时候有话可说，有话可接，他想了不少办法。

他在网上搜了很多关于这位教授的资料，并找到了教授的博客。阿荣花了很多时间仔细阅读教授写下的博客，通过大量阅读，他发现教授十分喜欢泰戈尔的诗。找到这个方向以后，他开始钻研泰戈尔的诗，让自己在谈话需的时候可以信手拈来。

等到见面的那一天，阿荣和教授面对面地坐着，教授面带微笑地看着他。这个时候，阿荣突然想起了泰戈尔的那句诗："你微微地笑着望着我，没有对我说一句话，而我觉得为了这个，我已经等待很久了。"教授马上听出来这正是泰戈尔的诗句，所以觉得很是欣喜。

这首简单的小诗很快拉近了彼此的距离，他们很快放下防备，开心地聊了起来。最后的结果当然也很圆满，教授高兴地答应了阿荣代表公司提出来的这个请求。

好在阿荣与教授见面之前有所准备，为自己积累了谈资，没有出现冷场尴尬，为自己争取了先机。

思考的过程就是一个再加工的过程，起初你看的是别人的东西，但经过思考以后，你看到的东西就成了你自己的东西。知识的学习和能力的提升，不在于你短时间内记住了什么内容，而在于长时间过去以后，你脑海里积淀下来的东西。所以，掌握一些理念和方法才能让自己对一些事物和问题形成本能的反应。当你形成了自己的知识体系以后，就会产生自己正确的方法和方向来解决各种问题。

除了学习和思考，还有一种特质不可缺少，那就是自信。当你对某个领域十分了解的时候，为了在别人面前表达自己，你最需要的就是不怯场。这是一种良性的循环模式，保持自信将自己知道的东西讲出来以后，自己会变得更自信。否则，就会进入恶性循环，知道却不敢说，让自己越来越不自信，那你所积累的那么多知识也只能烂在自己的肚子里。

积累讲话的内容这件事情不能单从某一方面入手。给自己制订一个合适的计划以后，一步一步按照计划行事，日积月累，才能看到进步。思考加上学习是永恒不变的主题，有了好的习惯，再加上完美的计划，那谈话的素材就能快速积累。